JN281350

地震防災のはなし

都市直下地震に備える──

岡田恒男・土岐憲三◉編

朝倉書店

編 集 者

岡田恒男　東京大学名誉教授
土岐憲三　立命館大学理工学部教授・歴史都市防災研究センター長

執 筆 者　（ ）内は担当章

澤田純男	（1, 2, 6～11）	京都大学防災研究所地震災害研究部門
岩田知孝	（3～5）	京都大学防災研究所地震災害研究部門
越村俊一	（12～14）	東北大学大学院工学研究科附属災害制御研究センター
中島正愛	（15, 20, 26, 48, 49）	京都大学防災研究所地震防災研究部門 （独）防災科学技術研究所兵庫耐震工学研究センター
中埜良昭	（16, 19, 23～25）	東京大学生産技術研究所基礎系部門
石山祐二	（17, 18, 21, 22）	北海道大学名誉教授
目黒公郎	（27, 40～43, 53, 58）	東京大学生産技術研究所都市基盤安全工学国際研究センター
林　春男	（28）	京都大学防災研究所巨大災害研究センター
鏡味洋史	（29, 31）	前 北海道大学大学院工学研究科都市環境工学専攻
山崎文雄	（30, 54～56）	千葉大学工学部都市環境システム学科
高田至郎	（32～36）	神戸大学工学部建設学科
牧　紀男	（37, 38, 44～47）	京都大学防災研究所巨大災害研究センター
秦　康範	（39, 57）	（独）防災科学技術研究所川崎ラボラトリー
家村浩和	（50）	京都大学大学院工学研究科都市社会工学専攻
庄司　学	（51）	筑波大学大学院システム情報工学研究科構造エネルギー工学専攻
佐藤忠信	（52）	早稲田大学理工学術院

（執筆順）

序

　1948年の福井地震以後，1995年の阪神淡路大震災までの約50年ほどの間には，数千名を超える人命が失われるような地震災害は幸いにもなかった．その間，1964年新潟地震，1968年十勝沖地震，1971年宮城県沖地震等による災害はあったけれども，いずれも海岸から離れた場所での地震であったから，地震の規模の割には災害はそれほど大きなものではなかった．

　この50年程の間，わが国は戦災復興，所得倍増，高度成長，などの経済発展に忙しかった時期でもあるから，内陸の都市直下地震が起きなかったことは幸運であったといってよい．これに反して，終戦の前の50年，すなわち20世紀の前半には多くの内陸地震が発生して，それが大きな災害につながっている．すなわち，南海トラフの地震の前後には，M7程度の地震が頻発することは地震来歴の教えるところである．

　1944年に東南海地震，1946年には南海地震が起こったが，1891年から1961年までの70年間に，近畿，中国，四国では，この二つのプレート間地震を含んで，M7以上の地震は11回発生している．それに対し，1962年から1994年までの32年間にはM7以上の地震は1度も発生していない．ところが，1995年から現在までの11年間に，1995年の兵庫県南部地震を含めてM7以上の地震はすでに3回発生している．

　このように，日本列島はすでに地震の活動期に入っていることは明らかである．阪神淡路大震災までの数十年は静穏期であったが，多くの人々は，この状態が普通だと思い込んでいるように思える．一般の市民や国民が地震の危険度が高まっていることを肌身で感じることはないであろうが，何らかの意味で地震災害に関わる者は，これまでの地震来歴を素直に読み取り，迫り来る大地震に備える心構えと，社会に向かって警戒の意識を伝える責務があるのではないか．

　本書は地震学・地震工学・防災学等の研究をする専門家が，これまでの知識の蓄積を数式を用いることなく平易な解説と写真および図表で示している．

本書はそうした際に必要となる地震動災害に関する知見とあるべき対策を考えるに際して，格好の示唆を与えるものであろう．

　2006 年 6 月

岡田　恒男

土岐　憲三

目　　次

I編　地震が来る ─────────────────1

A　地震は必ず起こる
01　地震はなぜ起こる？ ……………………………［澤田純男］…… 2
02　活断層とは？ ……………………………………［澤田純男］…… 4
03　火山噴火と地震の関係は？ ……………………［岩田知孝］…… 6
04　地震の予測はできるのか？ ……………………［岩田知孝］…… 9
05　次の地震はどこに？ ……………………………［岩田知孝］…… 12

B　地面が揺れる
06　揺れの発生と広がり ……………………………［澤田純男］…… 15
07　揺れと被害の関係は？ …………………………［澤田純男］…… 19
08　どこがよく揺れる？ ……………………………［澤田純男］…… 23
09　地面が溶ける ……………………………………［澤田純男］…… 27
10　斜面が崩壊する …………………………………［澤田純男］…… 29
11　震災の帯はなぜできた？ ………………………［澤田純男］…… 31
12　津波とは …………………………………………［越村俊一］…… 35
13　津波の特徴 ………………………………………［越村俊一］…… 37
14　揺れはなくとも津波は起こる …………………［越村俊一］…… 39

II編　どんな建物が地震に対して安全か ─────41

C　建物の安全を考える
15　建物は神戸でどう倒れたか ……………………［中島正愛］…… 42
16　ピロティ形式の建物は危ない …………………［中埜良昭］…… 44
17　地下室は安全か …………………………………［石山祐二］…… 46

D　あなたの家は大丈夫か
18　建物は基礎がいのち ……………………………［石山祐二］…… 48

19	瓦の家は大丈夫？	[中埜良昭]	50
20	安全性のチェック　—建物の耐震診断	[中島正愛]	54
21	耐震補強の ABC	[石山祐二]	58
22	家具から身を守る	[石山祐二]	61

E　あなたの家が壊れたら

23	余震の恐怖	[中埜良昭]	63
24	被害を受けたら	[中埜良昭]	65
25	傾いた家は直せるか？	[中埜良昭]	69
26	応急危険度判定	[中島正愛]	72

F　命を守るために何をすべきか

27	兵庫県南部地震で亡くなった方々の特徴	[目黒公郎]	74
28	パニックは起きるのか	[林　春男]	80
29	安否の確認	[鏡味洋史]	82

G　地震火災はおそろしい

30	地震火災から街を守る	[山崎文雄]	84
31	燃えない街をつくるには	[鏡味洋史]	87

Ⅲ編　街と暮らしを守るために —— 91

H　ライフラインを維持する

32	地震に弱いライフライン	[高田至郎]	92
33	電力はいつ復旧するか	[高田至郎]	96
34	電話が使えない	[高田至郎]	99
35	命を守る水	[高田至郎]	103
36	復旧が困難な都市ガス	[高田至郎]	107
37	トイレの確保とガレキ処理が大きな課題	[牧　紀男]	110
38	災害時，どのようにして都市機能は維持されるのか	[牧　紀男]	113
39	情報をどう伝えるか？	[秦　康範]	115
40	直後の生活はどうなるか	[目黒公郎]	118
41	兵庫県南部地震の直後の避難所生活	[目黒公郎]	121
42	避難生活者たちを襲ったさまざまな問題	[目黒公郎]	124
43	仮設住宅について	[目黒公郎]	128

I　復興に向けて
　44　誰が復興の主役か ……………………………………［牧　　紀男］……131
　45　住宅再建 ………………………………………………［牧　　紀男］……133
　46　街の復興計画は誰がどのようにつくるのか ………［牧　　紀男］……136
　47　地震保険 ………………………………………………［牧　　紀男］……138

IV編　防災の最前線 ―――――――――――――――――141

J　安全な町を造る
　48　高層ビルは大丈夫か …………………………………［中島正愛］……142
　49　ハイテク耐震補強　―免震 …………………………［中島正愛］……144
　50　高架橋や橋梁はなぜ神戸でたくさん壊れたか？ …［家村浩和］……146
　51　どのように再建・補強されたのか？ ………………［庄司　　学］……149
　52　道路の渋滞はなぜ起こったか，どうすれば防げたか …［佐藤忠信］……153
　53　かけがえのない文化財をどうやって守るか ………［目黒公郎］……158

K　被害把握のためのテクノロジー開発
　54　地震被害想定とは ……………………………………［山崎文雄］……162
　55　密になった震度情報とその利用 ……………………［山崎文雄］……165
　56　被害情報を集めるには ………………………………［山崎文雄］……169
　57　国の防災体制はどうなっているか …………………［秦　　康範］……174
　58　今後の危機管理体制のあり方　―特に防災マニュアルについて
　　　………………………………………………………［目黒公郎］……177

付　　　表 …………………………………………………………………………181

索　　　引 …………………………………………………………………………183

I 編

地震が来る

A　地震は必ず起こる

B　地面が揺れる

01 地震はなぜ起こる？

◆地震のエネルギーはどこから？

　いったん起こると，大きな力で大地を揺らし，建物などを破壊する恐ろしい地震．このエネルギーは一体どこからやってくるのでしょうか？

　地球の中心部は温度が約6,000℃，圧力は300万気圧といわれています．そのため地球の内部は，岩などを形成するケイ素や，鉄，ニッケルなどの金属がドロドロに溶けたマグマといわれるものでできています．地球中心部で熱せられて高い温度となったマグマは，温度の低いマグマより軽くなるので，地球の中心部から表面に向かって移動していきます．風呂桶の中で熱い湯が底から水面に向かって移動する"対流"と同じ現象が起こっています．ただし，風呂と違うのは，マグマは地球表面近くまで来て冷やされると，固まって岩の板になります．この岩の板を「プレート」と呼んでいます．地球の表面は，全体が十数枚のプレートで覆われています．

　固体になったプレートも，対流運動の一部であることには変わりありません．マグマが上昇してくる場所は決まっていて，そこから新しく固まったプレート部分が次から次へと現れ，古い部分を横に押しのけていきます．このような場所は，ほとんどが大洋の海底にあり，「中央海嶺」と呼ばれています．押しのけられた古い部分は，さらに古いプレート部分を横に押し出すことによって，地球表面を覆うプレートは移動していきます．これが「プレート運動」です．プレートが移動していった先では，ほかのプレートとぶつかってヒマラヤ山脈などの大規模な山脈となったり，相手プレートの下に潜り込んで日本海溝などの深い海溝を形成します．地中に沈み込んだプレートは再び溶けて地球中心部に向かって移動していきます．

　プレートが別のプレート部分を押しのける力が働くときに，プレート自体がその力に耐えられなくなって割れてしまうことがあります．また，プレートとほかのプレートの境界も普段は固着していますが，時々割れて滑ります．ガラスやプラスチックが割れるときには，ガッシャーンとか，バリンとかの音がしますが，プレートが割れる現象はもっとゆっくりなので，音が出るかわりに振動が周りに伝わります．これが「地震」です．

◆海溝型地震と内陸地震

　別々のプレートどうしの間（プレート境界）が割れて滑ることによって起こる地震を「プレート間地震」または「プレート境界地震」と呼びます．日本付近では，プレート境界は沈み込み型になっているものが多く，海溝を形成していることから，「海溝型地震」とも呼ばれています．代表的な海溝型地震は，高知県沖から静岡県沖の南海トラフに起こる南海地震や東海地震で，マグニチュード8クラスの地震が，およそ100～150年ごとに発生してきたことがわかっています．

　一方，同一のプレートの中で岩盤が割れて起こる地震を「プレート内地震」と呼びます．日本では陸域で起こる地震のほとんどがプレート内地震であるため，「内陸地震」と呼ばれることもあります．上下方向に滑る場合と水平方向に滑る場合があり，前者を「横ずれ断層」と呼び，後者のうち押されて滑るものを「逆断層」，引っ張られて滑るものを「正断層」と呼びます．また，沈み込んだプレートの中で起こる地震は「スラブ地震」と呼ばれています．プレート内地震では，ある断層が地震を起こしてから再び次の地震を起こすまで，一般に数百～数千年以上かかります．

　なお，陸域で起こる地震を「直下型地震」と呼ぶ場合がありますが，これは「都市直下型地震」の略で，地震を起こした断層のすぐ近くに大きな都市があったために，被害が大きかった地震という意味で，地震の種類を表す用語ではありません．

〔澤田　純男〕

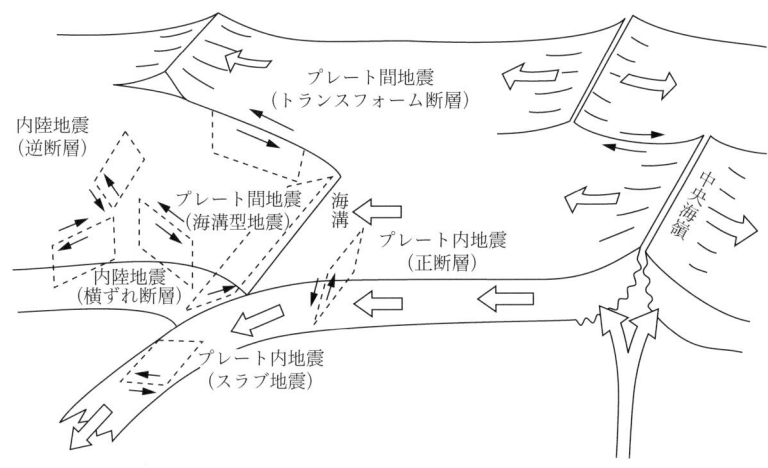

図 1-1　プレート運動と各種断層

02 活断層とは？

◆活断層とは地震の痕跡のうち新しいもの

「地震はなぜ起こる？」のところで説明したように，プレートと呼ばれる岩の板がバリンと割れて滑るのが内陸地震です．一度割れたところは，長い時間の経過に伴って再び固着しますが，それでも1回も割れていない場所よりは弱いので，再び押されると同じところが割れます．このように同じところで何回も割れを繰り返すので，そこではたいへん大きなズレができます．これが「断層」です．「活断層」とは，断層のうち，第四紀と呼ばれる地質年代（約200万年前から現在まで）に動いた形跡があり，将来にも活動する可能性のあるものを呼びます．

プレート境界は，一般的な内陸の活断層より頻繁に地震を起こして滑っているので，やはり活断層に数えられます．

◆日本全域に分布する活断層

日本列島は，東から太平洋プレートがガンガン押してきているのに対して，西にはユーラシアプレートがどっしりと構えて微動だにしない，その間にあって，太平洋プレートの圧力にとても耐えきれずに，しょっちゅうバリンバリン割れている，そんなところです．ですから日本全域にはたくさんの活断層が分布していますが，地域によってその密度には若干の差があります．図2-1には，文部科学省地震調査研究推進本部が指定した，近い将来に地震を起こす可能性のある主要活断層帯を示しています．日本列島は基本的に東西方向に押されているので，東北，北海道地方には南北方向に逆断層が数多く分布し，中部から中国地方には南北方向の逆断層と，北東-南西方向か北西-南東方向の横ずれ断層が大変密に分布しています．一方，中国地方には非常に少なく，四国，九州地方には和歌山県から大分・熊本県まで続く「中央構造線」以外には，少数の断層があげられているのみです．ただし，図2-1は緊急に調査しなければならない活断層を示したものですから，これら以外にも数多くの活断層が日本全域に分布しています．

◆活断層のない所は安全？

山岳地帯はプレートを形成する岩盤が直接地表面に現れていますから，断層を容易に見つけることができますが，平野などでは岩盤の上に砂や粘土層が場合に

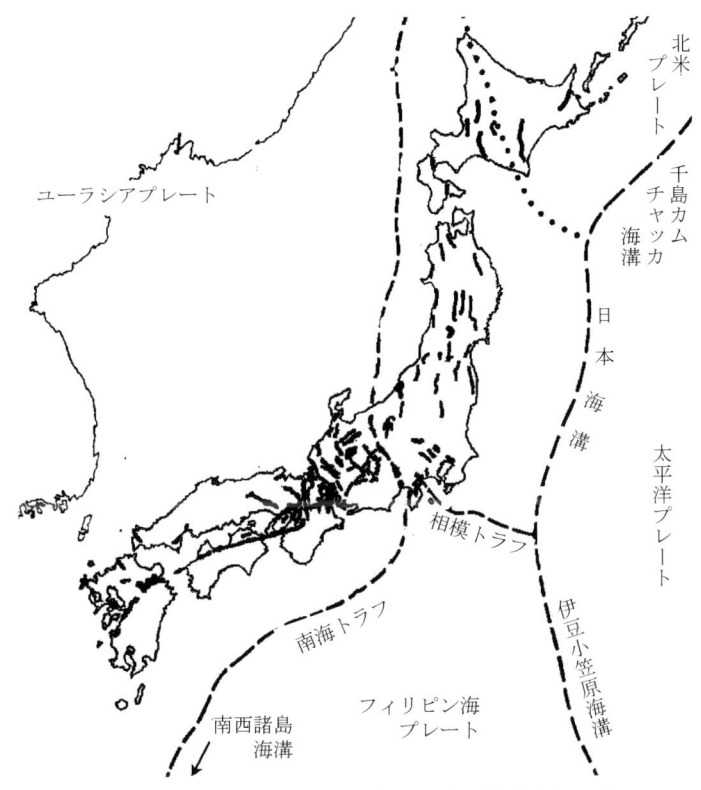

図 2-1 日本の主要活断層（地震調査研究推進本部より）

よっては数 km も堆積しています．このようなところでは，地下の岩盤の断層が少々動いても，地表面ではズレがわかりません．ですから厚い堆積層の下にある活断層を見つけるのは，分厚い布団の下においた鉛筆を布団の上から撫でて見つけるようなもので，たいへん難しいのです．したがって関東平野や濃尾平野などの大きな平野の下には，まだ見つけられていない活断層が潜んでいる可能性があります．また，比較的新しい活断層は，そのズレの量が小さいために見落とされている可能性もあります．さらに，たいへんまれではありますが，初めて割れる場合も考えられます．2000年鳥取県西部地震の震源断層は，まさしく見落とされていた活断層で発生しました．

このようなことを鑑みて，土木学会による「耐震設計法に関する第 3 次提言」では，近くに断層の存在が知られていなくても，直下のマグニチュード 6.5 の地震に配慮して耐震設計をするように求めています．

〔澤田　純男〕

03 火山噴火と地震の関係は？

◆歴史をみてみよう

　地球規模でみると，地震が起きる地域と火山が活動している地域は重なっています．どちらも，プレートの衝突などが原因で生じるためです．では，その活動には互いに関係があるのでしょうか？　日本における歴史的な事例を見てみることにしましょう．1707年に，いわゆる東海・東南海・南海の全領域が一度に活動する宝永地震（M 8.4）という大きな地震が起き，その約1か月半後に富士山の噴火（宝永の噴火）が始まり，東京（江戸）をはじめとして南関東広域で降灰が積もりました．富士山は，フィリピン海プレート，太平洋プレート，北米プレートが接する地点にあり，プレート境界で起こった宝永地震によって火山噴火が引き起こされたのかもしれません．しかし，前述のように東海・東南海・南海地震は歴史的に何度も繰り返し起きていて，また富士山の噴火も何度もあったことが確認されていますが，50日程度の間に起きた例はこれだけであり，繰り返し周期も違うため，両者の関係は不明確です．

　逆に火山噴火が先行した例としては，1914年の桜島の大正噴火があげられます．山頂から東西に噴火口が開き，溶岩流が流出し，大隅半島と陸続きになるほどでした．火山活動が活発になったときには，マグマの移動に関係する小規模の火山性地震が発生しますが，このときには，噴火後にM 7.1の構造性地震（火山性地震と区別して，岩盤のひずみが解放する地震のことです）が起きて，火山被害のみならず，地震被害も引き起こしました．この場合には火山噴火によって地殻のひずみの状態が変わり地震が発生したと考えられますが，直接的な関係があると推定されるまれな例です．

◆発生メカニズムを考えると

　このように歴史的には地震活動と火山噴火の関連をうかがわせるような活動がないわけではないのですが，その因果関係を物理的に解明するまでには至っていません．火山噴火は，火山の下から供給されるマグマの圧力が上がって，周辺の岩盤がひずみ，そのひずみに耐えきれなくなって火口から噴出する現象です．一方，地震は，押し合っている岩盤がひずみ，その力に耐えきれなくなって岩盤がずれる，もしくは壊れる現象です．その原動力はプレートどうしが押し合う力に

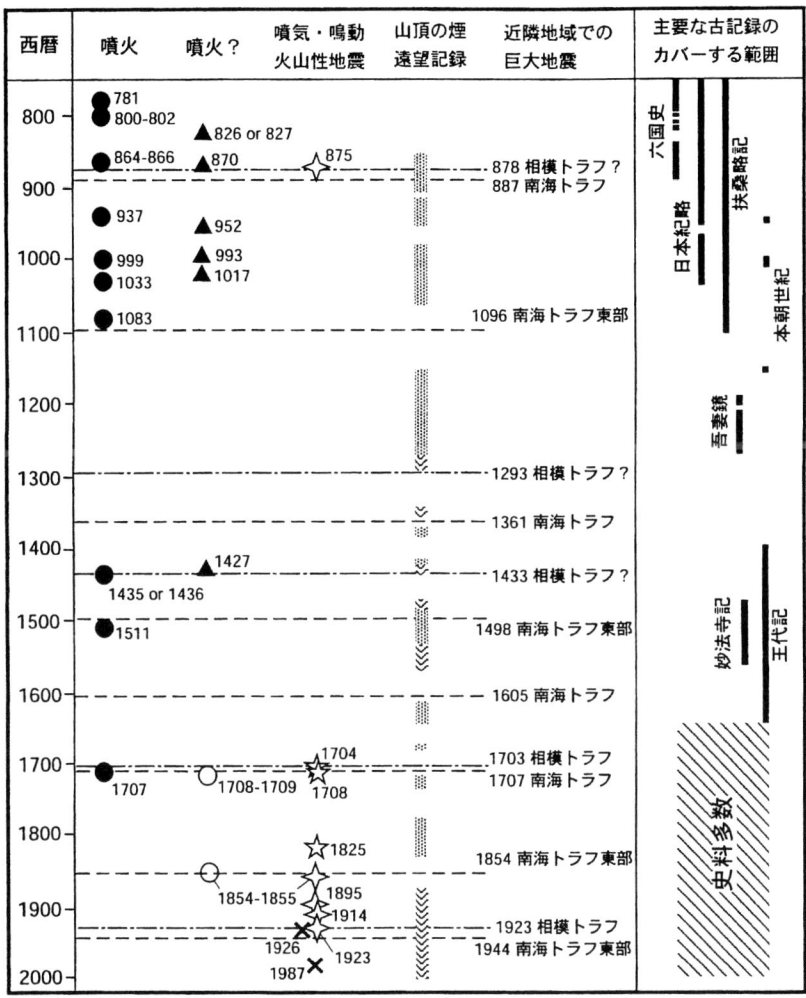

図 3-1 富士山の歴史時代の噴火史年表（小山，2000による）
噴火時期と近隣地域の巨大地震活動に関係がみられる．

A 地震は必ず起こる

求めることができます．また，前述のように，火山噴火や，地震が起きることによって，火山や地震の震源域のひずみが解放され，周りのひずみ分布に影響を及ぼしますから，片一方の現象が起きると，その近くの相手に影響を及ぼすのは自明でしょう．ただ，例えば大地震が起きたときの岩盤のずれによって周辺に起きるひずみの変化量を弾性論に基づいて計算すると，距離が遠くなるとすぐに小さくなってしまうので，やや離れた火山への寄与を説明することは非常に困難です．逆に，活動を開始した火山より地震の震源に近い火山が活動しなかったケースもあって，そのことも説明する必要があります．地震の揺れによって活動が励起される可能性もありますが，「揺れ」はあっという間に伝わり，通りすぎていってしまうので，地震と火山活動の開始の時間差を説明する必要があります．このような火山噴火に至る活動やその近くでの地震の発生には，現時点で，どこまでひずみがたまっているのか，また周辺をとりまいている地殻やプレートの粘弾性的な振る舞いについての知見がもっと必要です．前者は地震の揺れが火山活動を開始させるに十分なほど，火山が噴火する臨界状態になっているのかどうかということで，コップの中の水のたまり具合のように考えることができます．揺れなどによって付け加わる量は少ないけど，もともとコップの中に水が満ちあふれんばかりに入っていれば，ちょっと水を加えただけで，水がこぼれる，ということです．後者については，例えば下部地殻や火山の下には，流体的な特徴をもつ物質の存在が，地震波や電磁気による探査で確認されています．これらの物質がどの程度の広がりをもって存在しているのか，移動しているのか否かをモニターしていくことが，地震や火山の発生時期や地震の発生位置に関する情報を与えてくれる可能性があります．

〔岩田　知孝〕

04 地震の予測はできるのか？

◆地震の予測に必要なこと

地震の予測には，どこで，いつ，どのくらいの規模の地震が発生し，さらにどの程度の揺れを引き起こすか，という4つの要素の予測があります．

◆地震はどこで起きる？

「地震はなぜ起こる？」で地震の起こり方について解説がありました．起きる場所によって「プレート間地震」「内陸地震」「スラブ内地震」と名前がつけられています．それぞれ具体例は，2003年に起きた十勝沖地震や，2005年8月の宮城沖の地震，そして今後起きることが予想される東海・東南海・南海地震が「プレート間地震」にあたります．インドネシア大津波を起こしたアンダマン海の大地震もプレート間地震でした．「内陸地震」の例は，1891年濃尾地震，1995年兵

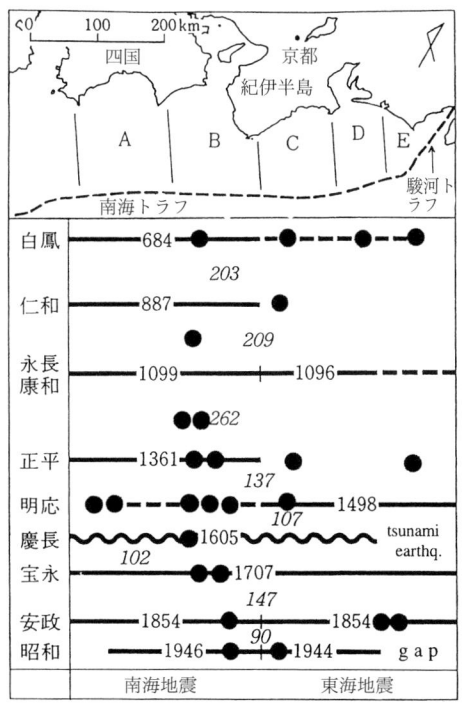

図4-1 東海・東南海・南海地震の震源域と発生年
黒丸は寒川（1997）による地震考古学資料に基づく強い地震の揺れの発生を示す．

A 地震は必ず起こる

庫県南部地震，2004年新潟県中越地震，2005年福岡県西方沖の地震があげられます．「スラブ内地震」の例は，1993年釧路沖地震や2001年芸予地震があげられます．

「プレート間地震」は，複数のプレート境界で起きます．例えば東海・東南海・南海地震を起こすプレート境界は，ユーラシアプレートとフィリピン海プレートの境界です．この境界はプレート形状などが原因の空間的にいくつかの領域に分かれていて，その領域ごと，またはそれらが連続して割れることが「プレート間地震」，ということになります．また，大きな規模の「内陸地震」は，地震が起きた時に地表に痕跡（地表地震断層）を残しますが，そのような地表地震断層を調べると，過去に何度か，ずれを起こしていることがわかる場合があります．例えば1995年兵庫県南部地震のときの淡路島野島断層に現れた地表地震断層がそれにあたります．断層は地殻内で傷として残っていて，プレートの衝突から波及してきた地殻内部のひずみをそこがずれることで解消されることになります．ですから，地震の繰り返しでできた活断層は将来の震源断層の有力な候補といえます．

「スラブ内地震」については，近代的な地震観測によってその震源域の推定が難しかったため，過去の地震の情報蓄積が少なく，沈み込むプレート内の「どこ」で起きる可能性が高いかということに答えるのは現状では困難です．

◆地震はいつ起きる？

「いつ」プレート境界地震や活断層で起こる地殻内地震は，歴史資料から，また，地震により断ち切られた地層の地質年代を調べることにより，どのような時間間隔で活動しているかがわかります．その繰り返し間隔から，次回の活動を「いつ」と予測することができます．繰り返しの周期が短いプレート境界地震，特に東海・東南海・南海地震においては，揺れ（被害）や津波（被害）の記述が歴史史料に何度も登場します．ただし「周期が短い」といっても，100〜150年という間隔で起きているのですが．活断層の関係した「内陸地震」では活動周期は数千年のオーダーになるので，何度も前の活動の情報を正確に知ることは困難になってきます．「スラブ内地震」については，周期的な特徴が強いのかどうかもよくわかっていません．例えば芸予地震は2001年の前に，同じようなところで1905年にも地震が起きており，それより前にも同様な地域で地震が起きていることから，同じような震源域が繰り返し割れていると考えることができるとこ

ろもあるかもしれませんが，明らかではありません．

◆地震の大きさは？

　地震の規模はマグニチュードという指標で表されます．マグニチュードが大きいと，岩盤のずれる面積もずれ量も大きく，地震により放出されるエネルギーも大きくなります．これらの量は，地表地震断層の長さや，くいちがい量を直接測定したり，最近の地震に対しては，近代的な地震観測網のデータを解析することによって地表にずれが現れない地震についても評価することができます．過去に起こった地震の規模を調べると，プレート境界上の同じ場所，同じ活断層で起こる最大級の地震は，ばらつきはあるものの，おおよそ規模が決まっていることがわかっています．このことから，活断層や，プレート境界で，過去に起こった地震の規模を調べることにより，将来起こる地震がどのくらいの規模になるかを推定することができます．

◆そして，どのくらい揺れる？

　ここまでの3つの項目は，地下の岩盤のずれについての情報でした．私たちの社会を守り，揺れによる被害を少しでも少なくするためには，岩盤のずれが起きたときに，自分たちの足元がどれだけ揺れるかを知ることが重要です．地震のときの地面の揺れの特徴は，「地面が揺れる」で詳しく述べられていますが，岩盤のずれの位置と規模に加え，地震の波が伝わる地殻の構造によって決まります．文部科学省地震調査研究推進本部では，2005年3月に「全国を概観する強震動予測地図」を作成しました．この地図には2種類あって，ある一定期間内に，ある地域が強い地震動に見舞われる可能性を，確率などを用いて示す「確率的地震動予測地図」と，ある特定の地震（ある活断層やプレート境界の地震）が活動した場合に，その周辺地域がどの程度の揺れに見舞われるかを示す「震源断層を特定した地震動予測地図」によって構成されます．どちらも厳めしい名前ですが，1つの地震で「どのくらい揺れる」というのは，後者の地図に表現されています．このような地図は，各自治体などでも，地域の防災対策のためによりきめ細やかな情報をもとにして作られています．

　「いつ」「どこで」「どのような」地震が起き，「どのくらい揺れるのか」というそれぞれの項目の研究がすすみ，それぞれの予測の確度が高くなることによって，質問の答えがはっきりしてくるといえます．　　　　　　〔岩田　知孝〕

05 次の地震はどこに？

◆地震はいつどこで起きても不思議はない

　質問をはぐらかすわけではありませんが，人体に感じないような揺れしか起こさない小さい規模の地震は毎日数多く起きています．また，巨大地震が起きたとしても，人が住んでいるところの近くでなければ，揺れは小さく，人間社会に被害を多くはもたらさないでしょう．被害を及ぼすような揺れを起こす地震がどこで起きるかということが質問の本意だと思います．日本くらいの広がりで見るならば，地震はいつどこで起きてもおかしくありません．

◆地震動予測地図

　「地震の予測はできるのか？」の章でご紹介したように，地震調査研究推進本部では，「全国を概観する強震動予測地図」（図 5-1）を作成しました．この図のうち，確率的地震動予測地図が今後どのような揺れに見舞われるかを確率で示した図となっています．例えば図 5-1 はその場所が今後 30 年間に震度 6 弱以上の揺れを被る確率を示しています．「確率」といわれると拒否反応が起こりそうですが，地震の発生確率とその地震により震度 6 弱の揺れを超える確率を掛け合わせたものを，その場所に影響を与えるあらゆる地震について足し合わせたものです．これまでの地震学に関する知識を総合して作られています．場所によって色が違うということは，それらの確率が違うからで，さっきいつどこで起きてもおかしくないとはいえ，場所によってこの程度違いが出るということです．

　この図面には，仙台のあたりと南関東から四国九州に至る太平洋側の領域が色が濃い（確率が高い）のは，今後 30 年間を考えた場合，宮城県沖地震と東南海・南海（・東海）地震が起きる確率が高いため，それによる揺れの予測が反映されています．この図面の起点は 2005 年 1 月になっています．その後，2005 年 3 月に福岡県西方沖の地震が起き福岡市では最大震度 6 弱の揺れを受けました．この今後 30 年間に震度 6 弱以上の揺れを受ける確率が書いてある「揺れ」の予測地図によれば，福岡は色の薄い確率の小さいところと予測されていました．このような評価で「まれに起きる」とされているところでも，強い揺れに見舞われる可能性もあることをこの地図は示しています．先にも述べたように，活断層で起こる地殻内地震の活動間隔は日本の場合，1000～1 万年とばらつきも大きく，

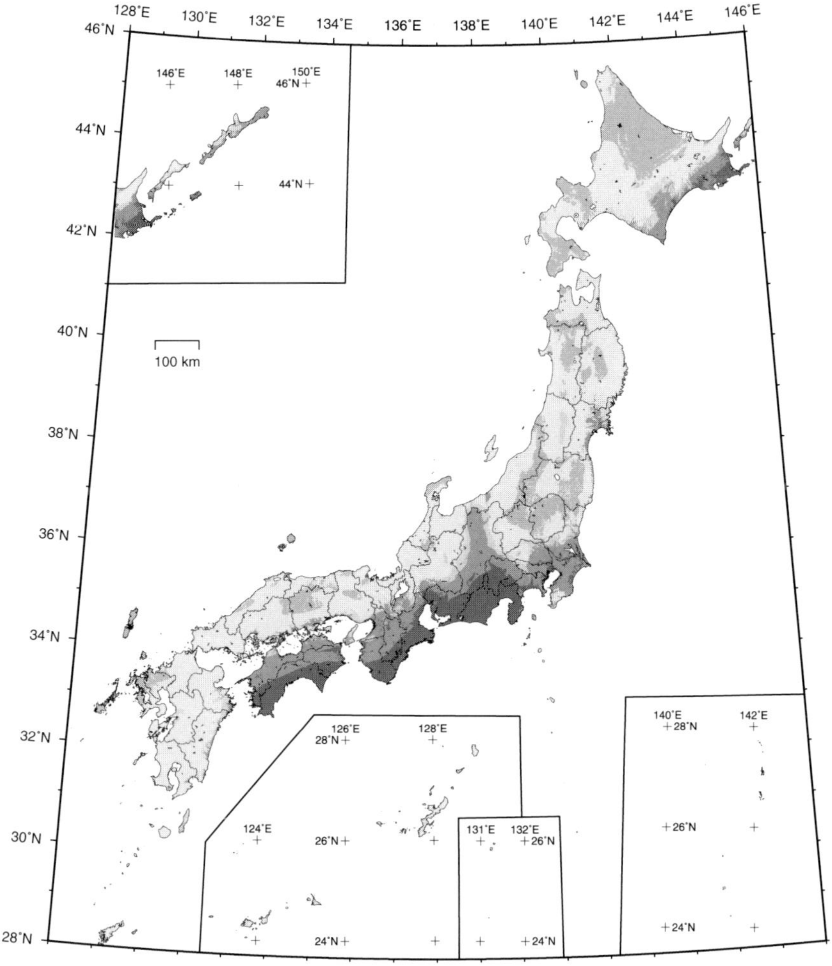

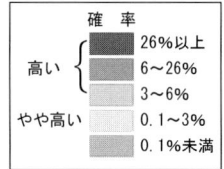

図 5-1 今後 30 年以内に震度 6 弱以上の揺れに見舞われる確率の分布図（基準日：2005 年 1 月 1 日）
(http://www.jishin.go.jp/main/chousa/05mar_yosokuchizu/f331-1.pdf)

惑星の公転周期のようにきっちりしているわけでもないようなので、「今後 30 年」といった短い予測期間にその活断層が活動し、揺れを引き起こすことについては、小さい予想値になってしまいます。ただ、足元の近くに活断層があった場

合にはその活断層が活動すると，その近くでは強い揺れを受けることは確実であることを理解しておくことが重要だと考えられます．

◆さらに

　歴史資料がある近畿圏においては東南海・南海地震の活動時期と地殻内地震との発生頻度について興味深い分析結果があります．東南海・南海地震の活動間隔を半分に分けると，地震が起きた後の時期よりも次の地震が起きる前の時期の方がその近くの＝つまり近畿・中国地方の＝地殻内地震の活動数が多いということです．同様の傾向が関東にもいえて，1923年関東地震タイプが200～300年周期で起きているのですが，それに関して関東の地殻内地震やM7クラスのプレート境界地震の発生数が変化し，地震前とその直後くらいの発生数が多いというものです．発生周期100～150年の南海トラフで最後の地震から60年が経過し，発生周期200～300年の相模トラフで最後の大正関東地震から80年が経過し，それぞれ次の地震の発生時期が近づいているとともに，上述のような「経験」からすれば，足元で地殻内地震が突然起きる可能性が高くなっているのかもしれません．いつでも強い揺れに襲われる可能性がある，という認識を常にもち，いわゆる防災グッズの準備や家族の連絡手段を万全にしておくことが，地震による災害を減らす第1歩になると思います．　　　　　　　　　　　〔岩田　知孝〕

06 揺れの発生と広がり

◆震源断層の大きさと震源の位置

　過去に何回も割れて弱くなっている面（活断層）が，周りからの力に負けて再び割れ始める．これが地震の発生です．破壊が始まった点を「震源」と呼んでいます．震源を地表面に投影した点が「震央」です．また，断層面を地表方向に延長したときに地表面と交差する線を「断層線」と呼びます．新聞などに載せられる図では震央の位置しか表示されないので，まるで地震が一点で起こったように誤解されますが，実際に破壊した面の大きさは，M（マグニチュード）6の地震で長さ（断層線）方向に16 km×深さ方向に8 km程度，M7の地震なら50 km×25 km程度，M8の地震なら160 km×80 km程度の大きさがあります．そして断層は「震源断層」と呼ばれることがあります．

　震源の位置は，揺れはじめの時刻を震源を取り囲む多くの地震計で測ることによって求めることができます．一方，震源断層の大きさや位置は，本震後に大量に発生する余震の震源位置を調べることでわかります．余震は，本震のときに滑り残したところや，本震による滑りで岩盤が動いたために新たに大きな力が発生したところで起こるので，本震の震源断層のすぐ近くで小さな余震が大量に発生するからです．

◆建物の被害に直結する短周期の揺れを発生するアスペリティ

　震源断層面全体で平均した滑り量は，M6で50 cm程度，M7で160 cm程度，M8で500 cm程度ですが，面内のどこでも同じというわけではありません．これらの値の何倍もの滑り量のところもあれば，数分の1程度の滑り量のところもあります．滑り量が大きいところを「アスペリティ」と呼んでいます．最近では，震源断層の周りで観測された地震波形から高度な解析をすることによって，どんな大きさのアスペリティがどこにあるのか詳しくわかるようになりました．図6-1は2000年鳥取県西部地震の滑り量の分布を示しています．☆が震源で，等値線と矢印が滑り量の大きさと方向です．大きなアスペリティが1つ，小さなアスペリティが1つあることがわかります．

　アスペリティからは，建物の被害に直結する周期（「揺れと被害の関係は？」参照）1秒程度の揺れが発生します．したがって，将来の発生する地震の揺れを

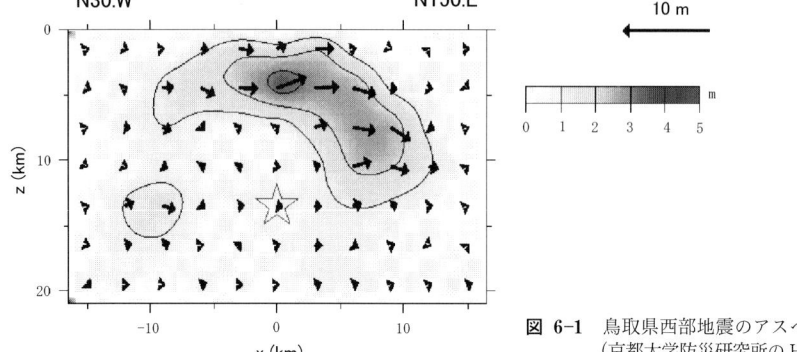

図 6-1 鳥取県西部地震のアスペリティ
（京都大学防災研究所の HP より）

予測するにあたって，アスペリティの位置がどこにあるかを推定することがたいへん重要です．しかしながら，現在の知識では，アスペリティの位置を確実に予測する方法はありません．

◆ドップラー現象と同様の現象によって生じる指向性

　池に石を投げ込むと，そこから同心円状に波が広がっていきます．地震の揺れの広がり方もこれとよく似ていますが，いくつかの点で違いがあります．

　違いの1つは，地震の揺れは一点から発生するのではなく，断層面で破壊が徐々に進行するに従って，揺れの発生源が移動していくことに関連します．救急車のサイレンが，近づいて来るときには甲高く聞こえるのに対し，遠ざかっていくときには音程（周波数）が低くなるドップラー現象はよく知られていますが，これは音源が移動することによって起こります．地震の場合は，断層の破壊が震源から始まり断層面上を徐々に広がっていきますが，これは地震の揺れの発生源が移動することを意味します．ドップラー現象では音の伝わる速度に比べて救急車の速度がはるかに遅いのですが，地震の場合には揺れの伝わる速度の0.7倍程度の速度で破壊が進展するので，周波数はほとんど変わりませんが，そのかわり揺れの大きさが変わります．つまり破壊の進んでいく方向には大きな揺れになり，破壊の離れていく方向には揺れが大きくならないかわりに揺れの時間が長くなります．この現象は「ディレクティビティ（指向性）」と呼ばれています．したがって，断層の位置や大きさがわかっても，どこから破壊が始まるかによって，揺れの大きな場所が変わります．

◆縦波と横波が放射される方向を表す放射特性

　もう1つの違いは，地震の揺れは「縦波」と「横波」の2種類の波があることです．縦波は疎密波とも呼ばれ，波の進行方向に押し引きが伝わる波です．音が伝わる仕組みと同じです．横波より速く伝わりますが，その揺れは横波より小さいのが普通です．地表では縦波はほとんど上下方向の揺れとなります．一方，横波は「せん断波」とも呼ばれ，波の進行方向とは垂直の面で変位し，縦波よりゆっくり伝わりますが，揺れの大きさは大きく，地表面では水平方向に揺れます．縦波をP波，横波をS波と呼ぶこともあります．

　おもしろいことに，縦波の出る方向と，横波の出る方向は決まっています．図6-2に示すように，横ずれ断層の場合，断層線延長上とその直角方向には，縦波はほとんど放射されず，横波だけが放射されます．この横波はたいへん大きい上に，先に述べたディレクティビティの効果が加わる

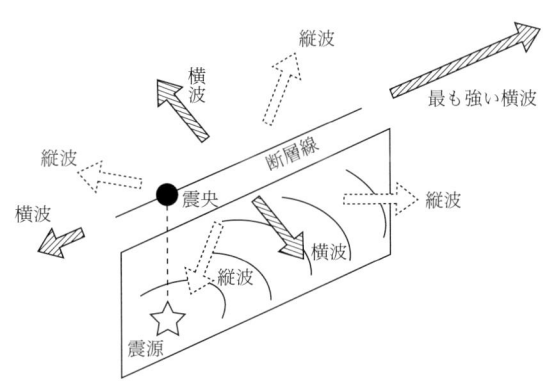

図 6-2 横ずれ断層における縦波と横波が放射される方向

ため，断層線延長方向でかつ破壊の進んでいく側に最も大きな揺れが放射されます．一方，縦波は断層面の水平延長線から45度の方向に放射されます．この現象を「放射特性」と呼んでいます．放射特性は，震源となった断層から離れるほど，その影響が小さくなります．

◆揺れの大きさの目安

　M7クラスの地震なら，断層線から5kmぐらいまでは揺れの大きさはほとんど変わりません．断層線上だからといって特に揺れが大きいということもありません．この領域ではM7以上なら，大きいところで震度7，小さいところで震度6弱程度の揺れと考えればよいでしょう．マグニチュードが1小さくなれば，震度はだいたい1小さくなります．

　また，揺れの大きさは，震源となった断層から離れれば離れるほど，小さくなります．だいたいの目安ですが，断層線から40kmぐらいで揺れの大きさは約

3分の1になり（震度で1小さくなる），断層線から100kmぐらい離れると揺れの大きさは約10分の1になります（震度で2小さくなる）．　　〔澤田　純男〕

地震のマグニチュードとは？　BREAK

　地震の大きさを測る指標を，「地震のマグニチュード」と呼びます．マグニチュードという英語は「大きさ」という意味しかありませんが，日本でマグニチュードといえば，何もいわなくても地震の大きさを表すのが普通です．

　さて地震の大きさを表すのには，どのような物理指標がよいでしょうか？　すぐに思いつくのは，その地震が放出したエネルギーの大きさです．しかし，昔は地震のエネルギーを測る方法がわからなかったため，いろいろなマグニチュードが提案され，使われてきました．

　ローカル・マグニチュード：地震学者のリヒターが1935年に世界で最初に定義した地震のマグニチュードです．具体的には震央から100kmの地点における特定の地震計で測られた最大変位の常用対数をとった値です．地震のエネルギーとは直接関係はありません．

　気象庁マグニチュード：現在日本で使われているマグニチュードです．リヒターの方法を基にしていますので，地震のエネルギーを直接反映した値ではありません．大体，マグニチュード5以下の地震では，気象庁マグニチュードが1大きくなると地震のエネルギーは約10倍になりますが，マグニチュード7以上の地震では，気象庁マグニチュードが1大きくなるとエネルギーは約1,000倍になります．

　モーメント・マグニチュード：地震の放出したエネルギーとの対応づけが難しいと様々な用途に使いにくいので，最近気象庁では，地震のエネルギーと直接関係のある「モーメント・マグニチュード」も同時に算出して発表することにしました．モーメント・マグニチュードでは，地震の大きさに関係なく，マグニチュードが1大きくなれば，地震のエネルギーは約32倍になります．

　ここまで読まれて，エネルギーを直接表さない気象庁マグニチュードなんか廃止して，すべてモーメント・マグニチュードにすればよいじゃないか？　と考える方がおられるかもしれません．実はモーメント・マグニチュードは，周期20秒以上の大変ゆっくりした揺れの大きさを基に計算され，人間が感じる揺れの成分は無視されます．ですからモーメント・マグニチュードが大きいからといって，人間や建物にとって影響のある揺れが大きいとは限りません．一方，気象庁マグニチュードは，周期数秒から6秒程度の揺れの大きさを基に計算されます．人間や建物にとって影響が大きい揺れの周期は大体0.2秒から数秒程度なので，気象庁マグニチュードの周期からは若干離れていますが，モーメント・マグニチュードの周期よりはるかに近く，ずっと相関があります．つまり，モーメント・マグニチュードは津波などを扱うときに便利で，気象庁マグニチュードは建物などの地震被害を扱うときに便利，というわけです．

07 揺れと被害の関係は？

◆**揺れの物差しはたくさんある**

揺れが大きくなるほど，被害も大きくなる．当たり前のようですが，揺れの大きさを定義するのは，実はたいへん難しいのです．

◆**わかりやすいが被害とは無関係な「変位」**

最もわかりやすい揺れの大きさは，地面が元の位置から何cm動いたか（変位したか）でしょう．元の位置から10 cm北へ，そして元の位置に戻り，今度は南へ10 cm動き，また元の位置に戻ってきたとします．これだけの運動にかかった時間が「周期」です．また，周期の逆数をとったものが周波数です．

例えば周期1秒で上に示したような動きを地面がしたと想像してください．これはかなり強い揺れだという感じがつかめます．耐震性の低い建物は倒壊するかもしれません．では，同じ動きが周期100秒で起こったとします．おそらく気がつく人はいないでしょう．被害を受ける建物もありません．このように「変位」が10 cmというだけの情報では，それが被害を起こすような揺れなのかどうか判断できません．

◆**被害と相関のよい「速度」**

次に，単位の時間（1秒，1分，1時間など）の間にどれだけ変位したか，すなわち「速度」を考えてみます．先の周期1秒の例では，元の位置から0.25秒かかって右に10 cm動いたことになりますから，平均すると1秒間に40 cm動く速さになります．すなわち40 cm/秒です．cm/秒の代わりに「カイン」が使われることもあります．周期100秒の例では，0.4 cm/秒にすぎませんから，これなら被害が出ないのも当たり前ということになります．つまり，同じ変位なら周期の短い方が大きな速度になります．

さまざまな研究によって，速度の最大値は，建物などの被害と相関が高いことが知られています．大体ですが，最大速度が10 cm/秒ぐらいから被害が出始めて，30 cm/秒なら耐震性の低い建物は倒壊し，100 cm/秒なら大半の建物が甚大な被害を受けます．

◆建物などにかかった力の大きさを知るのに便利な「加速度」

　さらに，もう1つの指標を考えることができます．速度が単位時間当たりにどれだけ増加するか，すなわち「加速度」です．これは先ほどの変位→速度の計算と全く同じ方法を使って，速度→加速度に変換することができます．単位は速度のcm/秒をさらに秒で割ったものなので，cm/秒^{2}となります．これの代わりに「ガル」が使われることがあります．ちなみに重力の加速度は約980ガルです．

　高校の物理で扱うように，質量mの物体に，加速度aが作用したときには，物体に$m \times a$の力がかかったのと同じことになります．この力を慣性力と呼びますが，加速度は建物などにかかった力を知るのによい指標です．しかし，被害との相関は速度ほどよくありません．

◆人間の感じ方や建物の被害をよく表す「震度階」

　新聞やテレビなどでは，地震が起こったときの揺れの大きさを「震度階」で報道しています．以前はこの震度階を，人間が揺れをどう感じたか，被害がどうだったかで決めていました．震度0は無感，震度1は特に注意深い人だけに感ずる程度，震度2は吊り下げ物が動くのがわかる程度，震度3は戸障子がガタガタ鳴り，器の中の水面が動くのがわかる程度，震度4は座りの悪い花瓶などが倒れ，器の水があふれ出る，となっていました．震度5以上は判断基準が突然被害状況になり，震度5は壁に割れ目が入り墓石・石灯籠（いしどうろう）が倒れる，震度6は家屋の倒壊30％以下で山崩れ地割れが起きる，といった具合です．

　気象庁の人たちはプロでしたから，地震の揺れの感じをかなり正確に言い当てていましたが，やっぱり個人差もあるだろうし，被害は建物が丈夫になれば程度が変わるじゃないか，との批判を受けて，気象庁では地震計によって震度を出すことに1996年以降改めました．この新しい震度階は「計測震度階」と呼ばれています．

　この変更のために，先ほど説明した速度や加速度と震度階の関係が詳しく研究されました．面白いことに，もともと人間の受ける感じと被害の程度で定義された従来の震度階は，加速度と速度のちょうど中間的な性質をもっていることがわかったのです．大ざっぱな関係ですが，最大加速度と最大速度をかけて常用対数をとったものに1.5を足して，小数点以下を四捨五入すれば，大体の震度がわかります．1,000ガルと100カインで震度7, 100ガルと10カインで震度5になります．

◆建物の設計などに使われる「スペクトル」

　プリズムに太陽光を通すと，赤色から紫色まで帯状の光の像が見えますが，これが本来のスペクトルです．赤色が周波数の低い（周期の長い）光，紫色が周波数の高い（周期の短い）光で，それぞれの明るさで周波数ごとの強さがわかります．変位のところでは最も単純な例で周期の説明をしましたが，実際の地震の揺れはさまざまな周期の揺れが複雑に混ざり合っています．そこで，地震の揺れを周期ごとに分解して，それぞれの大きさを示したものを，光の分解になぞってスペクトルと呼んでいます．地震の揺れをスペクトルに変換する方法は2つあり，それぞれ「フーリエ・スペクトル」と「応答スペクトル」と呼ばれています．光の分解でも，プリズムを使う方法と，色フィルターを使う方法がありますが，だいたいそれに相当します．一短一長があり，数学的に厳密なのはフーリエ・スペクトル，建物の設計などに便利なのは応答スペクトルです．

　建物などには揺れやすい周期（固有周期）があり，その周期で揺すられると大きく揺れますが，違った周期で揺すられても，ほとんど揺れない性質があります（このイメージは，下のBREAKで，振り子の揺れ方を使って説明します）．したがって建物の設計では，建物の固有周期における地震の揺れの大きさがどれぐらいかを知ることが最も大切で，このために地震の揺れをスペクトルで表しておくのが便利なのです．ただし，ある地震の揺れをスペクトルで表すためには，周期と揺れの大きさの組が何十，何百と要りますから，震度階のように1つの数字で簡単に表すことはできないので，地震の研究者や建物の設計者などしか使っていません．

〔澤田　純男〕

地震計の仕組み　　BREAK

　地面の揺れを測るのが地震計ですが，どのような原理で測っているのでしょうか？　仮に地面が揺れても絶対に動かない，「絶対固定点」といえるようなものがあれば話は簡単です．図7-1のように，その絶対固定点にペンを付けておいて，地面に紙を固定しておけば，地面の揺れ（変位）が記録できます．速度を直接測りたければ，ペンの代わりに絶対固定点にコイルを，地面に磁石を

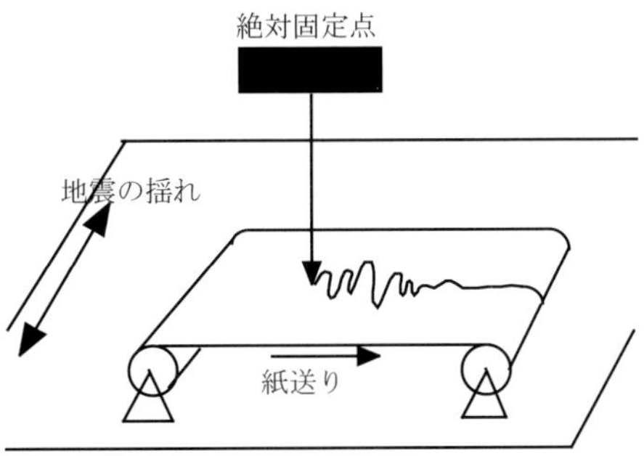

図 7-1　理想的な地震計

固定しておけば，地面の速度が大きいほどコイルに高い電圧が発生しますから，その電圧の変化を記録しておけばよいことになります．ところが実際には，こんな「絶対固定点」は存在しませんから，何とかして絶対固定点に近い状況を作り出すことに工夫が要ります．

ここで数十 cm のひもの先に適当なおもりをつけた振り子について考えてみます．このような単純な振り子の運動を知ることは，建物などの構造物の振動を理解するのにたいへん役立ちます．振り子はある決まった周期でしか振動しません．ひもの長さが 50 cm なら，約 1.4 秒周期で揺れるはずです．これが「固有周期」です．この振り子を図 7-2(a) のように手でもって，その手を固有周期で動かせば，振り子は大きく揺れます．ブランコのこぎ方と同じです．共振現象と呼ばれています．では，固有周期よりずっとゆっくり手を動かしたらどうなるでしょう．おもりは手の動きと同じ動きをし，ひもは揺れません (図 7-2(b))．今度は固有周期よりはるかに早く動かしたらどうなるでしょうか？ この場合は手は動いても，おもりはほとんど動きません (図 7-2(c))．つまり，固有周期の長い振り子を使えば，その周期より短い地面の動きに対して，おもりは固定点と同じ働きをします．

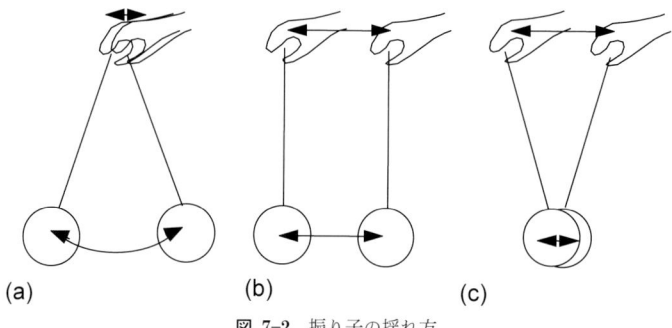

図 7-2 振り子の揺れ方

1960 年代から 1980 年代の終わり頃まで気象庁で使われて，地震のマグニチュードなどを決めてきた地震計は，固有周期が約 6 秒の振り子をもつ，ペン書きの地震計でした．つまり周期 6 秒より短周期の揺れの変位を測ることのできる地震計だったのです．

最近では別のタイプの地震計が多くなってきています．「フォース・バランス（力平衡）型」と呼ばれ，航空機の慣性航法装置からの流用です．気象庁も 1987 年からは，このタイプの地震計を使っています．この新しいタイプは，電子回路を使って，おもりを地面と同じ動きをさせるために，どれだけの力を加えたかを測ります．加えた力をおもりの質量で割れば，加速度が得られます．大きな加速度を測るのに適していますが，人が感じないような小さな揺れを測るのには向きません．また，周期の短い揺れを測るのに適していますが，周期の長いゆっくりとした揺れを測るのにも向いていません．振り子のような機械的に動く部分が少ないことから滅多に故障しないので，観測の手間を大幅に軽減できます．

08 どこがよく揺れる？

◆沖積層と洪積層

　ここの地盤は悪いから，地震のときに心配だ！　というような話をよく聞きます．地震のときによく揺れる地盤は，一体どのような地盤なのでしょうか？　まず，地盤がよいか悪いかを考えるにあたって，その地盤がいつの時代にできたかが重要な情報になります．

　最後の氷河期が終わって（約1万年前）から現在までに堆積した地盤を「沖積層」と呼びます．地表面が沖積層からなる地盤を「沖積地盤」と呼ぶこともあります．厚さは地表面から数m〜数十m程度の場所が多いです．日本の平野はほとんどが沖積地盤で，海底や湖底で堆積した粘土や砂からなり，たいへん軟らかいのが普通です．しかし山地と平野の境界にできる扇状地など陸上で堆積したところは，堆積年代は新しいので沖積層には違いありませんが，礫(れき)（直径2mm以上の石）が主体となり，かなり硬い地盤になっています．地震工学分野では沖積層を「浅層地盤」と呼んでいます．

　沖積層より深い地層で約200万年より若い層を「洪積層」と呼びます．ちなみに約200万年前は人類が登場した時期です．堆積した粘土や砂は時間とともに固結して硬くなり岩になりますが，洪積層はまだ岩になっていません．しかし沖積層に比べると，ずいぶん硬い地層です．地表面が洪積層からなる地盤を「洪積地盤」と呼ぶことがあります．丘陵地や段丘の上面などで，最終氷期以前に海底や湖底で堆積したのち隆起して陸上になったところです．また，洪積層を地震工学分野では「深層地盤」と呼んでいます．

　深層地盤より深いところにある岩でできた層を，「基盤」あるいは「基盤岩」と呼んでいます．山地などでは直接基盤岩が地表面に出ていますが，表面付近は風化によって，かなり軟らかい地層になっている場合がほとんどです．余談ですが深層地盤の上面を「工学的基盤面」と呼ぶこともあります．「工学的基盤面」と「基盤」は全く別のものですが，間違いやすいので注意が必要です．

◆硬い地盤と軟らかい地盤はどちらがよく揺れる？

　それでは，硬い地盤と軟らかい地盤では，どちらがよく揺れるのでしょうか？　小さな板の上に，豆腐のかたまりと，同じ大きさの鉄のかたまりを置いて，台の

板を揺すってみることを想像してください．鉄は板と同じ動きをしますが，豆腐はゆらゆらと板より大きく揺れることは簡単に想像できます．地震のときでも震度6ぐらいまでの揺れのときは，全く同じことが起こります．軟らかい地盤の方が大きく揺れます．「地盤による地震動の増幅現象」です．

しかし阪神・淡路大震災のときのような強烈な揺れがきた場合は事情が変わります．軟らかい地盤は同時に壊れやすい地盤です．強烈な揺れに地盤が耐えられずに，地盤が壊れてしまいます．「地面が溶ける」で説明する液状化現象も地盤破壊の一種です．地盤が破壊すると，ちょうど豆腐が水平に割れて，そこで滑っているような状況になります．氷の上に何かを置いて氷を揺すっても氷の上のものは滑ってあまり揺れないのと同じように，軟らかい地盤の上の建物はあまり揺すられません．そのかわり，地中にある基礎杭や水道管，ガス管などは，地盤とともに破壊されてしまいます．一方，硬い地盤は同時に壊れにくい地盤でもあるので，強烈な揺れでも壊れずに揺れを地表面まで伝えてしまいます．震度7の強烈な揺れになるのは硬い地盤のところです．

◆不整形地盤で起こるフォーカッシングや表面波

海底や湖底で粘土や砂が堆積する場合，最終的に海面または湖面まで堆積するので，地層境界は水平になります．したがって何層もの同じ厚さの地層で沖積層や洪積層ができているところがあります．このような地盤構造を「水平成層構造」と呼びます．一方，堆積したあとに陸上になって削られたり，断層運動などで地層が曲げられたりして，地層境界が曲がっているところもあります．地震工学の分野では「不整形地盤」または「不整形構造」と呼んでいます．

不整形地盤では，水平成層構造より地震の揺れの伝わり方が複雑になります．ちょうどレンズで光を曲げて光を集めることができるように，地震の揺れが集ま

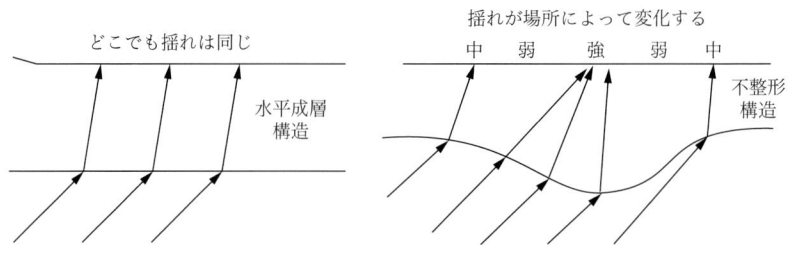

図 8-1　水平成層構造および不整形構造での揺れの伝わり方

ってたいへん大きく揺れる場所と，ほとんど揺れない場所ができます．例えば図8-1に示すように，洪積層が窪んでいる場合には，窪みの上に地震の揺れが集まってきます．このように地震の揺れが集まる現象を，光の焦点（フォーカス）に譬えて，「フォーカッシング」と呼んでいます．また，こうして方向を曲げられた揺れは，その後「表面波」と呼ばれる特殊な波になって地盤内に残り，長く揺れ続けます．「震災の帯はなぜできた？」で説明するように，阪神・淡路大震災の際に「震災の帯」という強く揺れた地域がありましたが，この現象によるものです．

◆揺れやすい地盤はどこに？

　洪積地盤や扇状地などの硬い地盤では，阪神・淡路大震災のときのような内陸活断層近傍の強烈な揺れのときには壊滅的な被害を出すとはいえ，その他の場合でもよく揺れて危険なのは，やはり軟らかい地盤といえるでしょう．さらにその下が不整形構造であるところは，よりいっそう揺れが大きくなります．

　日本の都市は，そのほとんどが平野上にあります．平野は，岩盤の谷状のところに水が入って海や湖になり，そこに洪積層や沖積層が堆積してできたので，その下の岩盤の形状はV字谷やお椀状で，不整形構造になっています．さらに，次に述べるような軟らかい地盤になっているところが多いので，一般的な日本の都市は，たいへん揺れやすいところに立地しているということができます．

　軟らかい地盤といえば，まずあげなくてはならないのは埋立地です．平地の少ない日本では，江戸時代以降かなりの面積の埋立地を造成してきました．これらの人工地盤は十分な締め固めをしていないので，たいへん軟らかい地盤になっています．埋め立てる地盤材料としては砂およびシルト（粘土と砂の中間の大きさの粒をもつ土）がほとんどで，これらは液状化現象を起こしやすい性質をもっています．

　軟らかい自然地盤の代表は，堆積してからあまり年数が経っていない粘土地盤です．「軟弱地盤」と呼ばれています．ゆるい砂地盤も，液状化現象などを起こしやすく，地震の際に注意が必要な地盤です．これらの地盤は海岸地域や湖岸地域などで三角州を形成している場所などに広く分布します．また，内陸の地域でも，自然堤防や人工的に作られた河川堤防などの外側に，これらの堤防のために水はけが悪くなって湿地ができ，たいへん軟らかい地層が堆積します．「後背湿地」と呼ばれています．一昔前まで後背湿地であったところも，現在では造成さ

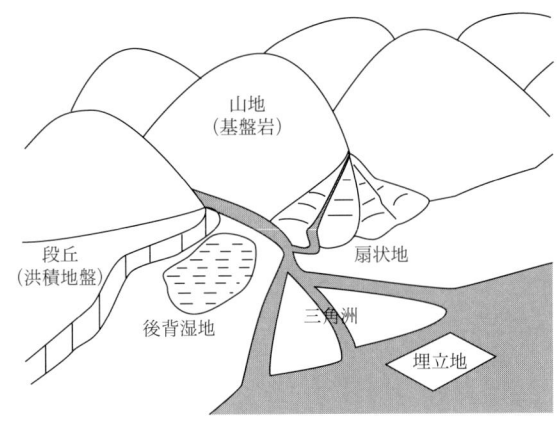

図 8-2 日本の典型的な地形地質構造

れて住宅地などになっていて，以前の状態がわからなくなっているところもあります．

　一方，丘陵地は，洪積地盤などの硬い地盤のところが多いのですが，丘陵地に造成された住宅地では，必ずしもそうとは限りません．このような造成地では，丘の高い部分を削り，谷の部分をその土で埋めて，平らな住宅地を造成しています．削ったところを「切土部分」，埋めたところを「盛土部分」と呼んでいます（「建物は基礎がいのち」参照）が，切土部分は自然の硬い地盤であるのに対して，盛土部分は軟らかい地盤になっています．さらに盛土部分の下は，もともと谷地形なので不整形地盤になっています．したがって盛土部分ではたいへん大きな揺れになる一方，切土部分ではあまり揺れないことになります．また盛土部分と切土部分の境界では，揺れの違いが大きいために，地中に埋まっている水道管やガス管などが大きな被害を受けたり，ちょうど境界をまたいで建っている住宅などでは，基礎に大きな被害を受けることがあります．1978年宮城県沖地震では，造成地の盛土部分と，切盛境界で大きな被害を受けたため，その後の造成では盛土部分を十分締め固めてできるだけ硬い地盤を作製するようになっていますが，それでも盛土部分ではかなり大きく揺れることには変わりありません．

　実際に地震の被害地域を訪れてみると，ある場所では家屋が倒壊しているのに，ほんの数十mしか離れていないところが無被害という例に結構出くわします．自然地盤，人工地盤にかかわらず地盤構造はたいへん複雑なところが多く，揺れやすい，揺れにくいの判断には，詳細な地盤調査や地震計による観測などが必要になります．

〔澤田　純男〕

09 地面が溶ける

◆液状化現象の恐怖

　硬い地面があるから，人間はその上で安心して生活ができます．もしその地面が突然溶けだして，建物がズブズブ沈んでいったら，どんなに怖いことでしょう．地震で揺れている最中に，こんなことが本当に起こることがあります．地盤の「液状化現象」です．図9-1は，1964年新潟地震のときに，地盤の液状化現象のために鉄筋コンクリートの4階建てアパートが倒れて沈んだ例です．このアパートは幸いにして，ゆっくりと倒れたため，1人の死者も出しませんでしたが，地盤の液状化現象の恐怖を世界の人々に知らしめました．

図 9-1　1964年新潟地震の際の川岸町アパートの倒壊（写真提供：新潟日報社）

◆液状化のメカニズム

　地盤の液状化現象は，どのような場所に起こるのでしょうか？　ポイントは2つあります．1つは，ゆるい砂が主体の地盤で粘土分がほとんどないこと，もう1つは地下水が豊富にあることです．このような2つの条件に当てはまる場所は，後背湿地や，三角州，埋立地などです．乾いたゆるい砂は地震の揺れによって密になり小さな体積になります．しかし砂が地下水で満たされていると，砂粒の中にある水のために体積がすぐには小さくなれません．このようなときに液状化が起こります．

　実際には，地表面まで砂層であることは珍しく，地表面は粘土質の地盤である

場合が多いのですが，その下にゆるい砂地盤があれば液状化現象は起こります．この場合は，厚さにもよりますが，表層の粘土層がある程度がんばってくれるので，建物がズブズブ沈むようなことは起こりません．しかし粘土層に亀裂が入り，その下の液状になった土砂と水が亀裂から噴き出てきます．「噴砂現象」と呼ばれています．また，液状化した地層が潤滑剤のように作用して，地表の地層が水平方向に大きく移動することもあります．「地盤の側方流動」と呼ばれています．

◆液状化による被害形態

噴砂現象で抜けた体積分だけ，地表面が下がります．平らな地表面が平らなまま下がればあまり大した問題も起こりませんが，実際には場所によって沈下する量が違うため，地面ででこぼこになってしまいます．アスファルトなどで舗装してあれば亀裂が入りますし，建物では基礎が割れたり傾いたりします．

背後にゆるい砂の地盤がある都市部の河川護岸や埋立地の護岸などでは，背後地盤が液状化すると護岸に大きな力がかかって，水面側に押し出されてしまいます．これが原因となって，背後地盤の側方流動が起こることもあります．1995年兵庫県南部地震では，側方流動のために西宮港大橋の橋脚が地盤とともに移動したために，上に載っていた桁が落ちてしまいました．

地下にあるガス管，水道管，建物の基礎杭などは，液状化に伴う沈下や側方流動のために，大きな力がかかって，折れたり引き抜かれたりします．また，このような力がかからなくても，地中に埋まっているもので，地盤より軽いものは浮き上がってしまいます．

◆液状化対策

液状化現象を防ぐ方法はあるのでしょうか？ 1964年新潟地震以降さまざまな方法が開発されてきました．基本的な原理は，砂を締め固めて密度を大きくする，液状化が発生し始めたときに発生する過剰になった水を速やかに抜く，セメントのようなもので砂を固める，などです．どれも十分な効果がありますが，費用が高いので，液状化する可能性のある場所全てに，このような方法を施すことは，とてもできません．

〔澤田　純男〕

10 斜面が崩壊する

◆たいていは大雨のときに崩れるのだが…

　台風などで大雨が降るたびに，土砂崩れによる被害がテレビなどで報道されますが，日本はその国土の約70％が山岳地帯であり，数多くの崖や急な斜面があります．これらは，いつか崩れる運命にあります．大雨のときに崩壊する場合が多いのですが，地震が引き金になって崩壊することがあります．1984年長野県西部地震では，御岳山の山腹が長さ約1km，幅約300mにわたって大崩壊を起こして，土砂は約10km下流まで土石流となって流下しました．通称，「御岳崩れ」と呼ばれています．1999年の台湾地震では，御岳崩れより一桁規模が大きい崩壊が起こりました．

　御岳崩れほどの大崩壊でなくとも，崩れた斜面の下に人家などがあれば，大きな人的被害をもたらします．1993年北海道南西沖地震では，奥尻島の玄関である奥尻港のすぐそばの高さ約50mの崖が崩れましたが，その下に旅館があり，宿泊客ら24名の方がお亡くなりになりました．1995年兵庫県南部地震でも，西

図 10-1　1995年兵庫県南部地震で崩れた斜面（西宮市仁川百合野町地区，『1995年阪神・淡路大震災スライド集』（丸善）より）

宮市仁川百合野町地区で斜面が崩壊し，直下の住宅地が埋まり34名の犠牲者を出しました（図10-1）．

さらに小さな崩壊ともいえる「落石」でも，落ちた石が人家を直撃すれば，たいへんなことになります．

◆自治体が指定する急傾斜地

地方自治体では，崩壊するおそれのある場所を，「急傾斜地崩壊危険箇所」として指定しています．その基準となっているのは，斜面の角度が30度以上，高さ5m以上で影響を受ける人家が5戸以上あるかどうかです．全国で8万か所以上もあり，とても全てに手がまわりません．

しかし，傾斜が急だからといって即危険というわけではありません．45度以上の斜面でも安定している斜面はたくさんありますし，逆に30度以下の斜面が崩壊した例もあります．その場所の地盤の硬さや，地下水の状況によって，同じ角度でも崩れやすい場合と，そうでない場合があります．詳しく調査すれば，崩れる危険があるかどうかわかります．

◆崩壊対策

崩壊の危険があり，崩壊すると重大な人的被害を及ぼすと考えられる斜面には，崩壊しないような対策を行うのが基本です．一番効果があるのは，地下水が斜面内に貯まらないように，水平ボーリングなどを実施して，水抜きを作ることです．人工的に作る斜面などでは，最初から地下水の通り道を作るなどして，効率よく地下水を抜く工夫をしていますが，自然斜面に対しても水抜きをうまく作ることによって，斜面が崩れにくくなります．さらに擁壁を作ったり，表面にコンクリート枠を作り，それを斜面の奥のしっかりした岩盤などに固定する場合もあります．落石に対しては，斜面表面に金網を被せたり，落ちた石が人家や道路を直撃しないように防護柵を作ったりします．

このような対策工がなされていても，時間の経過とともに水抜きが詰まったり，さらに風化が進んだりして，いつかは崩壊します．したがって，対策工が十分機能しているか，常に監視を怠らないことが重要です．　　　〔澤田　純男〕

11 震災の帯はなぜできた？

◆直下に断層はなかった

　阪神・淡路大震災では，阪神地域と淡路島北部に大きな被害が出ました．なぜこれらの地域に被害が大きかったのかは，「揺れの発生と広がり」で説明したディレクティビティと放射特性によって説明できます．つまり，断層の破壊が図11-1 の★で示されている明石海峡下で始まったため，破壊が神戸方向と淡路島方向に進展し，この 2 方向に大きな横波が放射されたのだと考えられています．

　しかしながら，阪神地域では被害が一様に分布せず，多くの家屋が倒壊した地域が，図 11-1 に示すように神戸から大阪方面に向かって幅が数 km ほどの細長い帯状に分布しました．この領域は「震災の帯」と呼ばれています．どうして，このような細い帯状に被害が集中する地域が分布したのかは，専門家の間でも当初は謎でした．

　地震の直後から，この謎を解明すべく，さまざまな調査が行われました．まず最初に，地震を起こした断層が「震災の帯」の直下にあるのではないかと疑われました．「揺れの発生と広がり」で述べられているように，地震の揺れは断層から離れれば離れるほど小さくなりますから，断層に近いところは揺れは大きいは

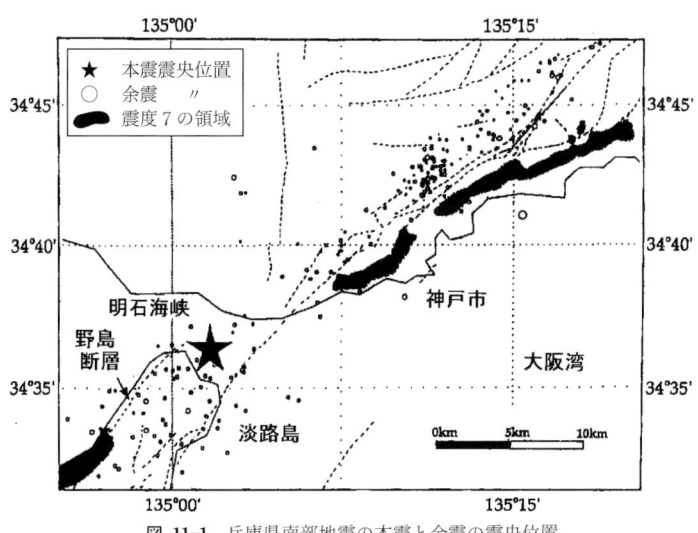

図 11-1　兵庫県南部地震の本震と余震の震央位置

ずです．地震を起こした断層の位置は，本震直後に大量に起こる余震の分布を見ればわかります．図 11-1 の小さな○印で示すようにほとんどの余震は「震災の帯」より北の六甲山地に分布しており，「震災の帯」の直下に地震を起こした断層があったとは考えられないことがわかりました．

◆ **深層地盤構造によるフォーカッシング**

次に疑われた原因が地盤構造による影響です．地震の直後に，深層地盤構造を調べるためのさまざまな調査が行われました．その結果，図 11-2 に示すように神戸から大阪にかけての地域は，六甲山麓のすぐ南側の平地の地下に，基盤が 1,000 m 以上も急激に落ち込んでいる「断層」が見つかりました．この「断層」は今回地震を起こした断層ではありません．余震分布から地震を起こした断層はもっと北にあることがわかります．

それでは，このように基盤が急激に深くなっている場所ではどのような揺れになるのでしょうか？　地震を起こす岩盤の割れは地下数 km から数百 km もの深い場所で起こりますから，震源断層に近いところでも深層地盤には下から揺れがやって来ます．基盤の深さがあまり変化しないところでは，図 11-2 に示すように下から上にまっすぐ揺れが伝わりますが，岩盤の深さが急激に変わっている場所では，揺れの伝わる方向が軟らかい地盤の方向へ曲げられてしまいます．「どこがよく揺れる？」で説明したフォーカッシング現象です．阪神・淡路大震

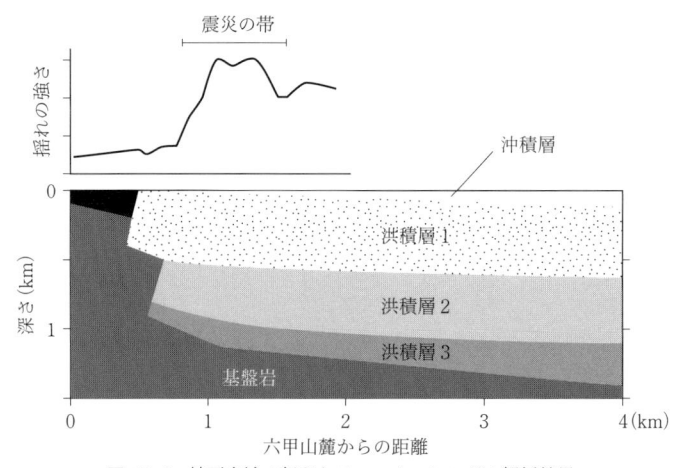

図 11-2　神戸市域で起きたフォーカッシングの解析結果

災以前から，地盤構造が急変する場所では地震の揺れが大きくなること自体は知られていましたが，1,000 m もの深い地盤構造による影響は，主に周期5～10秒といったゆっくりとした揺れにのみ影響を与えると考えられていたため，被害に直接関係するとは考えられていませんでした．図11-2には計算によって求められた揺れの大きさの分布も併せて示していますが，基盤が急激に落ち込んでいる「断層」から500 m 程度より南側に，地震の揺れが集まって大きな揺れになることがわかります．「震災の帯」の北端は，このフォーカッシング現象によって劇的に被害の状況が変化したと考えられています．

◆浅層地盤での地盤破壊

　それでは「震災の帯」の南端はどのような原因で形成されたのでしょうか？また浅層地盤の影響はなかったのでしょうか？　実は，震災の帯の南端の形成には浅層地盤構造が深く関わっていたと考えられています．

　震災の帯とそれより北側の地域の浅層地盤は，六甲山地から大雨が降ると土石流となって流れてきた小石などが堆積したところで，沖積層といっても比較的硬い地盤です．ところが震災の帯より南側の地域は，図11-3に示すように近世以後の埋立地や海岸平野などの，粘土や砂でできた軟弱な地盤です．阪神淡路大震災の揺れは震度7とたいへん強烈でしたので，軟弱な地盤の地域では，液状化現象などが起こって，地盤自体が壊れてしまいました．「どこがよく揺れる？」で説明したように，この地盤破壊によって軟弱地盤の地域では地震の揺れを地表面まで伝えられなかったと考えられています．硬い地盤と埋め立てた軟弱な地盤の境目が，震災の帯の南端になったのです．

　ただし，軟弱な地盤の地域は地盤が壊れましたから，地中のものは地盤と一緒に破壊されました．建物の基礎杭や水道・ガス管などです．地上で被害が少なかった代わりに地下では大被害を受けていました．

◆その他の要因

　建築物の建設年代が震災の帯とほかの地域では違い，そのために震災の帯ができたとする指摘もあります．確かに震災の帯の地域は若干建設年代が古い傾向がありますが，それだけでは被害状況の違いが説明しきれません．やはり，「震災の帯」の地域では，深層地盤と浅層地盤の影響で揺れが大きかったのが主な原因と考えるのが妥当です．

◆被害集中域を予測するために

　それでは,「震災の帯」は神戸だけの特異な現象でしょうか？　決してそうではありません．過去の被害地震では，多かれ少なかれ地盤の影響によって被害が集中した地域と，そうでない地域が複雑に分布しています．地盤構造はその場所その場所で違うので，神戸に似たケースもあれば，全然似ていないケースもあります．現在では深層地盤と浅層地盤の構造を詳細調査することによって，どの地域に被害が集中するのか，ある程度予測ができるようになっていますが，地震の揺れの伝わり方は複雑なので，完璧に予測できるというところまでは研究が進んでいません．そこで，どの地域の揺れが大きいかを予測するのに役立つのが，地震計による観測です．小さな地震による小さな揺れの記録を調べることで，その場所が揺れやすいところかどうかを，かなり正確に推測することができます．つまり，地盤調査と地震観測が，被害集中域を予測するのに必要なのです．

〔澤田　純男〕

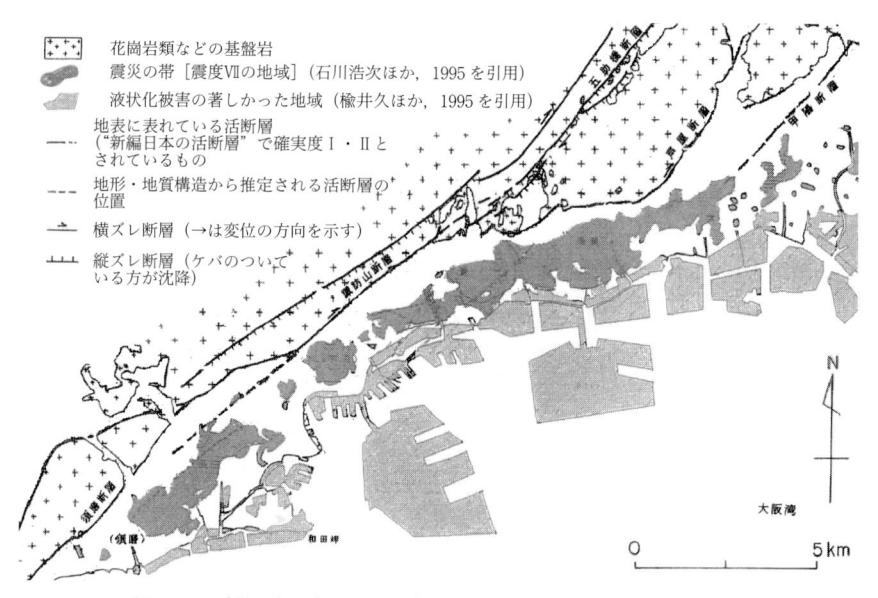

図 11-3　震災の帯と液状化地域（阪神地域活断層調査委員会報告書より）

12 津波とは

◆**津波発生のメカニズム**

わが国では，来襲する津波のうち，日本の近海で発生し，発生から1時間以内に日本沿岸に到達するものを近地津波と呼び，それ以外の遠方で発生するものを遠地津波として区別しています．

過去の事例の統計から，津波の約9割は海域の震源の浅い大地震（震源深さ数10 km以下，M 6.5以上）により発生するといわれています．津波の発生要因は，海底地震のほかに海底火山の噴火，地滑りなどの地学的現象があげられますが，それらの要因と分けて，海底地震により発生する津波を「地震津波」と呼びます．

日本近海はユーラシアプレート，北米プレート，太平洋プレート，フィリピン海プレートという4つのプレートが重なり合っており，近地津波を引き起こす巨大地震の多くは，この4つのプレートの境界付近で発生します．海洋プレートが大陸プレートの一部を引き込みながら1年に数cmの速さで沈み込んでいき，その際にプレート間で蓄積されるひずみが限界を超え，そのひずみの解放に伴い発生する岩盤の破壊が地震の原因といわれています．この破壊を断層運動，または断層破壊と呼びます．

地震津波の発生メカニズムは，断層運動により発生した海底の地盤変動の鉛直成分（隆起・沈下）がその上方の海水に影響を及ぼし，いわば生き写しとなって海面に現れ，それが水の波として伝わるものです．海底地盤の変動の広がりは数十〜数百kmに及ぶ場合があります．したがって，発生直後の津波の広がりも同様の広がりをもつといえます．海洋の水深は深いところでも1万m（10 km）程度ですから，津波の広がりのスケールは水深のスケールよりはるかに長いといえます．この点において，津波はほかの水の波とはその性質が大きく異なるのです．

明治以降，わが国における代表的な津波災害を引き起こした地震は，1896年（明治29）三陸地震（M 6.9），1933年（昭和8）三陸地震（M 8.1），1944年（昭和19）東南海地震（M 7.9），1946年（昭和21）南海地震（M 8.0），1960年（昭和35）チリ地震（M 8.5），1983年（昭和58）日本海中部地震（M 7.7），1993年（平成5）北海道南西沖地震（M 7.8）などがあげられます．

表 12-1 わが国の津波災害の歴史

名　　称	発生年月日	死者・行方不明者	最高津波高さ
安政東海地震津波	1854(嘉永 7)年 12 月 23 日	2,000～3,000 人	不　明
安政南海地震津波	1854(嘉永 7)年	数千人	不　明
明治三陸津波	1896(明治 29)年 6 月 15 日	2 万 2,000 人	24.4 m
関東大震災	1923(大正 12)年 9 月 1 日	不　明	12 m
昭和三陸津波	1933(昭和 8)年 3 月 3 日	3,064 人	28.7 m
東南海地震津波	1944(昭和 19)年 12 月 7 日	1,223 人	8 m
南海地震津波	1946(昭和 21)年 12 月 21 日	1,330 人	6 m
十勝沖地震津波	1952(昭和 27)年 3 月 4 日	28 人	3 m
チリ地震津波	1960(昭和 35)年 5 月 23 日	142 人	8 m
日本海中部地震津波	1983(昭和 58)年 5 月 26 日	100 人	13 m
北海道南西沖地震津波	1993(平成 5)年 7 月 12 日	239 人	31 m

◆**津波の伝わる速さ**

　津波は一般にその空間的な広がり（波長）が水深に比べて非常に長いため，流体力学的には長波または浅海波と呼ばれています．長波の伝播速度は，水深が既知（単位：m）である場合，$(9.8 \times 水深)^{1/2}$（単位：m/秒）で求められます．太平洋上を津波が伝播する際には，太平洋の平均水深は約 4,000 m ですから，津波の伝播速度は 198 m/秒（時速 700 km）にもなります．津波がジェット機ほどの速さで伝わるといわれるのはこのためです．しかしながら，水深が浅くなるにしたがい，その伝播速度は遅くなります．例えば，水深 100 m 程の海域では 31 m/秒（時速 113 km）と，高速道路を走行する自動車ほどの速度にまで急激に落ちます．最終的に，陸地に 5 m の津波が氾濫したとすると，その速度は 7 m/秒（時速 25 km）ほどになりますが，それでも人間の走る速さよりは速く，津波を目撃してから走って避難することはやはり難しいでしょう．津波から身を守るために最も有効な方法は迅速な避難であり，時間との闘いであるといわれるのはそのためです．

〔越村　俊一〕

13 津波の特徴

◆ 津波の周期

　津波は，単に一波だけではなく，繰り返し何度もやってきます．波の繰り返しの時間間隔を周期と呼びます．日本近海で発生する津波の周期は5分～1時間程度であるといわれています．断層運動に伴う海底地盤変動により発生した海面の水位変化の生ずる領域を津波の波源，または波源域と呼びますが，津波の周期はこの波源の大きさに関係しています．大きな規模の地震により発生する津波波源は，そのスケールも大きく，長い周期の波を多く含んでいます．例えば，1960（昭和35）年に南米チリ沖で発生したチリ地震（M 9.5）による津波は，太平洋を横断し，わが国で全壊家屋1,500棟，死者・行方不明者142名を出しました．このとき各地で観測された津波の周期は約1時間という非常に長いものでした．津波のエネルギーは周期が長い方が弱まりにくく，周期が長かったことが，遠く離れた日本まで大きな津波が来襲した原因であるといわれています．

◆ 津波と通常の波浪の違い

　通常の波浪と津波とでは，実際の現象としてどのような相違点があるのでしょうか．通常の波浪（風波）は，海上の風に起因して発生した波ですから，水の移動は海面付近が最も大きく，楕円の軌道を描きながら，深くなるに従い移動量は

図 13-1　十勝川を遡上する2003年9月26日十勝沖地震津波（提供：陸上自衛隊第五師団）

B　地面が揺れる

小さくなります．一方，津波（長波）の場合は，水は海面から海底までほぼ一様に往復運動をします．すなわち，波浪は海水の表面部分の水の運動であるのに対し，津波は海底から海面までの水全体の運動となります．

　波浪の周期は長いものでも数十秒程度であり，たとえ高波浪による高波が岸壁を越えて陸地に侵入してもその水の総量はさほど多くはありません．しかし津波は，波の先端が陸上に至ってからも，周期が長いために次々と後方から打ち寄せ，陸地の浸水域を拡大し，河川を数kmも遡上します．例えば，2003年9月26日に北海道十勝沖で発生した地震津波が十勝川を遡上しましたが，河口から11km上流にある水位計にも水位の変化が記録されました．

◆津波の浅水変形
　地震津波は地震の断層運動により発生しますが，その高さはどれくらいになるのでしょうか．地震により発生する断層の滑り量は平均的には数m程度であり，津波は，周辺の海面に比べて数m海面が上昇または下降することにより発生します．すなわち，津波発生時の海面変動はたかだか数mの高さでしかないのです．なぜこれが海岸では時に10m以上の波となって沿岸部を襲うのでしょうか．外洋の比較的水深の深い領域で発生した津波は，陸域に近づき水深が浅くなるに従い，その高さは増幅されます．これを浅水変形と呼びます．津波は水深が深いほど速く進むので，波の後方（沖側）にある部分のほうが前方（陸側）よりも速く進みます．したがって，波が陸に近づくほど，後方の波の部分は前方に追いつき乗り上げるようにして波高が増幅するのです．だから，津波発生の瞬間に沖にいた人は，数mの海面変動に気づくことは難しいといわれています．浅水変形により増幅した津波が港（津）に来襲してはじめて気づくのです．沖にいたときには無事であった船乗りが津（港）に帰ってみると，海辺の里が跡形もなく津波により流されて驚いたという言い伝えがよく聞かれます．「津波」という言葉はそうしたことから生まれたのです．

〔越村　俊一〕

14 揺れはなくとも津波は起こる

◆**前触れなき大津波**——1896年明治三陸大津波

　1896（明治29）年6月15日，旧暦の5月5日，三陸地方の村々は，前年の日清戦争の勝利を祝うべく，凱旋兵とともに端午の節句の日を賑々しく過ごしていました．朝からどんよりとした，小雨が降ったりやんだりした日でした．午後7時32分頃，人々は地震の揺れを感じました．現在の震度にしてⅡ，Ⅲであると思われる小さなものであったようです．緩やかな，長く続く地震動でしたが，人々はいつものこととさして気に留めませんでした．この約30分後に巨大な津波が不意に来襲し，我が国の津波災害史上最大の，2万2,000人にのぼる死者を出しました．地震の規模の割に非常に大きな津波を引き起こす地震を「津波地震」と呼びますが，明治三陸大津波はこの「津波地震」により引き起こされた津波であったといわれています．明治三陸大津波は，津波そのものの大きさもさることながら，津波来襲の警笛となるはずの地震動が小さかったために，前触れなき大津波として，語り継がれています．

◆**生死を分けたもの**

　津波の前兆となる強い地震動がなかったために，多くの人命が失われた明治三陸大津波ですが，人々の生死を分けた事例も残されています．例えば，1856（安政3）年に三陸はるか沖で発生した地震津波を経験した人は，比較的緩やかだった前の津波と同じであろうと油断したために，避難の必要はないと判断して命を落としました．津波には個性があり，過去の経験に基づいた判断，行動が次の津波災害でも正しいとは限らないという教訓です．

　一方，このような例も報告されています．明治29年当時三陸沿岸に滞在していたフランス人宣教師2人が，津波来襲の知らせを聞き，1人は荷物ももたず，靴も履かずに懸命に逃げて助かりました．しかしもう1人は靴を履いている間に出遅れてしまい，津波に巻き込まれてしまったそうです．津波だという声を聞いて身一つで飛び出した人が助かり，逃げるために靴を履こうとしていた人が命を落としました．逃げるときには金や物に執着せずに，高所に向かって一目散に走ることが津波から助かる唯一の方法だと教えてくれています．

◆揺れはなくとも津波は来る

　沿岸部で地震の強い揺れを感じたら，津波が発生する可能性が高いため，迅速な避難行動をとることが重要になります．しかし，たとえ揺れを感じなくとも津波が来る場合があります．それが先に述べた「津波地震」であり，もう1つが「遠地津波」です．津波はその規模が大きければ大洋を横断して伝播します．2004年12月に，インドネシア・スマトラ島沖で発生した巨大地震津波は，震源付近にあったバンダ・アチェの街を襲い13万人にものぼる死者を出しました．さらにこの津波はインド洋全体にも伝わり，地震の揺れを感じなかった国々も襲いました．インド洋沿岸諸国では，津波の警報システムもなく，最終的に22万人以上もの犠牲者を生みました．

　地震の揺れのない場合には，私たちはどのようにして津波から身を守ればよいのでしょうか．気象庁では，津波警報システムを整備して，我が国周辺だけでなく他国の関連機関とも協力して，津波の監視を行うとともに，迅速な津波情報の提供を行っています．海岸にいるときにはこれらの情報に十分注意して，一人一人が自分の身は自分で守るという意識をもつようにしてください．〔越村　俊一〕

図 14-1　2004年スマトラ島沖地震津波来襲後のバンダアチェの映像
　　　　（DigitalGlobe社ホームページから引用）

II 編

どんな建物が地震に対して安全か

C　建物の安全を考える
D　あなたの家は大丈夫か
E　あなたの家が壊れたら
F　命を守るために何をすべきか
G　地震火災はおそろしい

15 建物は神戸でどう倒れたか

　建物が壊れるかどうかは，地震の揺れによって建物に働く力（地震力）と，建物自身がもつ強さの大小関係で決まります．耐震設計で想定するよりもずっと大きな地震に遭遇すれば，地震力が大きくなりすぎて，適切に造られた建物でも壊れる可能性は高くなります．一方で，建物に働く力が耐震設計で想定する程度であっても，建物の強さが不十分であれば，その建物は倒壊も含め大きな被害を受けてしまいます．過大な地震力については，地震の発生や地面の揺れに関わる説明にある通りで，同じ神戸とはいっても場所によって揺れは大きく違い，また「震災の帯」に代表されるように，ある地域の揺れは当時の耐震設計が想定する地震力を超すものでした．

　図15-1は，震災の帯のなかにあった住宅の被害を示しています．隣どうしの住宅ですから，地面の揺れはほとんど同じはずですが，完全に壊れてしまった住宅の隣で，外壁が若干剥げ落ちているもののしゃんと建ち続けている住宅があります．この場合，壊れた住宅と壊れなかった住宅では，その強さに大きな差があったと考えられます．地震による大きな横揺れによって，柱や壁には大きな力が働きますが，柱や壁やそのつなぎ目（接合部と呼びます）が弱いとまずこれら部材・接合部が壊れ，次に柱や壁がなくなった状態で建物は自重を支えきれなくなってぺしゃんこになります．図15-1の壊れた住宅はまさにそのような結果を示しています．図15-2は，阪神・淡路大震災で被害を受けた住宅の分布（東灘区）を示したもので（1995年兵庫県南部地震災害調査速報，日本建築学会，1995年3月），図の右側が六甲山，左側が瀬戸内海です．黒く塗りつぶしたところが住宅の全壊区域ですが，これはごく狭い範囲に限られています．この区域の揺れは震度7ですから，強大な地震力が建物に働いたことがわかります．また神戸の町は，山と海に挟まれたこの区域から開けましたので，強さにおいて問題がある古い住宅がこの区域に数多く建っていた

図 15-1　潰れた住宅と残った住宅

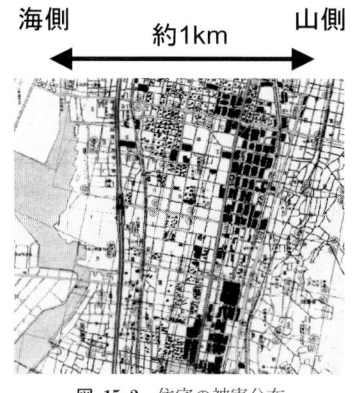

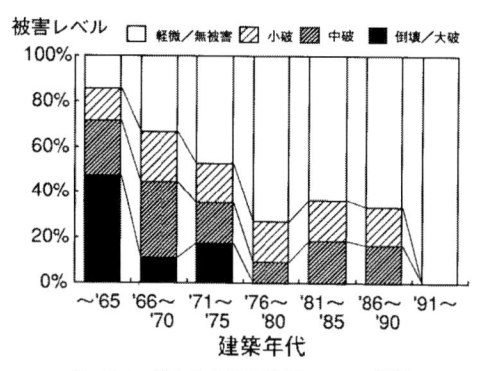

図 15-2　住宅の被害分布　　　　図 15-3　造られた年と被害レベルの関係

のです．このように，阪神・淡路大震災では，一方で強大な地震力が，他方で建物の不十分な強さが相乗し大きな被害へと至ったのでした．

　建物の強さは，柱や壁など建物の骨となる部分の強さやねばり，柱や壁や梁を互いにつなぐ「接合部」の強さ，柱や壁の配置，建物の重さと強さのバランスなど，いろいろな条件に左右されますが，神戸の地震における建物被害の実態を調べた結果，建物が建てられた年代と被害の大きさに関係があることがわかりました．激震地区であった神戸市中心部の商業地域のある1区画（鉄筋コンクリートや鉄骨で造った大きなビルが立ち並ぶ一画）を対象に全数検査したところ，図15-3に示すように，古い建物ほど被害のレベル（倒壊/大破，中破，小破，軽微/無被害）が高いという結果を得ました．建築後30年（1965年以前）を経た建物では，崩壊/大破に分類されるものが50%を超すのに対して，最近15年間に建設された建物には，崩壊/大破が全く見られていません．この理由として，長年使ってきたことによる建物自身の衰え（経年劣化）もありますが，過去数十年にわたって営々と積み重ねてきた研究開発の証としての建設技術の着実な向上が見逃せません．より品質の高い材料の供給，建物の骨を組み立てそしてつなぐ技術の進歩，地震の揺れとそれによる建物の揺れ予測精度の向上などは，いずれも建物を地震に対して強くすることに貢献しています．　　　　　〔中島　正愛〕

16 ピロティ形式の建物は危ない

◆建物はバランスがいのち

　地震によってどの階で建物が壊れるかはその建物の規模，形状，性質などによりますが，最も簡単にいえば「その一番弱いところで壊れる」ということになります．一般には，建物の全重量を負担している1階部分で最も大きな被害が生じる場合が多いですが，壁や筋かいなどの地震力を負担する主要な耐震要素が急にある階でなくなるなど，建物の高さ方向で構造性能が不連続になっていると相対的にその階が弱点となり，1階以外の部分で大きな被害が出ることもあります．1995年兵庫県南部地震では，このような中間階での崩壊事例がたくさん報告されました．このような被害形態はそれまでの日本の被害地震では比較的事例の少ないものでしたが，海外ではこれまでにもいくつかみられています（図16-1左）．

　集合住宅や事務所ビルの1階部分では，広場や駐車場・駐輪場の確保のため，上階の住戸階よりも壁量を減らし，主として柱により上階を支持するいわゆるピロティ形式の架構となっている場合がよくみられます．これはピロティ部分で建物の全重量を支えなければならないうえに強度や剛さが不連続となりがちで，地震時に弱点をダブルパンチされピロティ部分に大被害が集中しやすくなるため要注意です（図16-1右）．

　ただし全てのピロティが地震に弱いわけではなく，耐震性能の連続性に十分配慮すれば，問題のないピロティを設計することも可能です．図16-2は1993年北

図16-1　中間階での被害事例（左：1994年米国ノースリッジ地震）とピロティ形式の駐車場部分での被害（右：1995年兵庫県南部地震）

II編　どんな建物が地震に対して安全か

図 16-2 防災ピロティのある小学校全景（左）と壁を設けた1階ピロティ内部（右）（北海道奥尻島）円形の開口は津波を想定した排水口．（写真：万建築設計事務所　木村秀雄所長）

海道南西沖地震で被害を受けた小学校の改築事例ですが，この建物では改築にあたり，津波発生時に児童が速やかに避難できることと避難所として利用できることを念頭に，1階部分をいわゆるピロティ構造とし教室などの主要な居住空間を2階および3階に確保しています．そのピロティには耐震性能の確保に配慮し四隅を中心に壁を配置するなど，地震・津波に強い「防災ピロティ」として機能するように設計されています．

◆角地の建物はよく壊れる？

　耐震要素の配置ではその立面方向のバランスに加えて，平面的なバランスについても注意しなければなりません．これらが偏って配置されていると，建物が地震時にねじれるように振動し，せっかくの耐震要素もだいなしです．道路の角地にある建物では，道路に面した2面はできるだけ開放感をもてるよう開口を大きくする一方で，残りの2面は隣接建物との境界となるため開口が小さくなるなど，建物の表側（道路側）と裏側（隣接建物側）でアンバランスになりがちです．

　角地の建物は大きな被害を受けているような印象をもつこともありますが，これには耐震要素のアンバランスな配置により実際に被害が生じやすくなることに加え，隣接建物が裏側にしかないため被害を受けた場合に道路側に傾斜しやすいこと，また角地の建物は道路側に面した2面が視覚に入るため被害が生じた場合に目立ちやすいこと，といったいくつかの要素が作用しているようです．

〔中埜　良昭〕

17 地下室は安全か

◆地下室は安全？

　地下室の構造は模式的に示すと図 17-1 のようになっています．地下室の土と接している外壁は，比較的厚い鉄筋コンクリート造となっている場合がほとんどです．厚い鉄筋コンクリート造の壁となっている第 1 の理由は土圧・水圧に抵抗するためですが，この壁は地震に対しても非常に有効に働くというメリットがあります．すなわち，この壁は地下室の周囲を取り囲むように配置されているので，地震の際にどの方向に建物が揺れても問題がありません．このような理由で，地下室は地震に対して安全といって差し支えありません．

　ただし，常に安全とは限りません．津波による被害の恐れがある海岸付近の建物の場合は，津波の際に海水が入ってきて水没することも考えられ，その他にも配管の破損によって地下室が水没することもありますので，安心は禁物です．また，建築基準法では階の高さの 1/3 以上が地面の下にあると地下室と呼ぶことになっています（図 17-2）．すなわち，階の高さの 2/3 が地上に出ている場合もあり，このような場合は地下室とはいっても，構造的には 1 階と同じで，最も壊れやすい階となる場合もありますので注意が必要です．

◆便所は安全？

　昔から便所は地震のときに最も安全な場所といわれたりしています．この理由として考えられるのは，①他の部屋に比べて狭いうえに柱が四隅にあることでしょう．さらに，②便所は母屋から飛び出した平屋となっている場合が多く，2

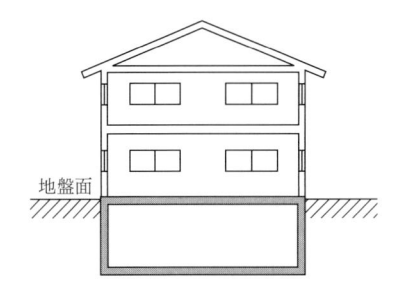

図 17-1　地下室の外周は厚い鉄筋コンクリート造の壁

図 17-2　地盤面より下に 1/3 以上入っていると地下階

階建ての1階となっていることがほとんどなかったからです．このため，地震の際に上階によって押し潰されることが少なかったからと推測されます．最近の建物について考えますと，①は以前と同じですが，②については必ずしも当てはまらないようですから，結論としては，便所は他の部屋に比べて多少は安全性が高いという程度と考えておくべきです．

◆建物のどこが安全？

一般に建物のどの部分が最も安全かということを考えてみましょう．多くの地震被害例から，建物が崩壊する場合は1階が押し潰されるような場合が最も多いこと（図17-3）を考えますと，上階のほうが安全です．ただし，家具の転倒や物品の落下などは1階よりも上階のほうが起きやすいのです．このようなことを考えますと，木造2階建の2階に寝室がある場合には，家具の転倒防止を行い，さらに家具の上に重い物品を載せないようにすべきです．1階が押し潰されたりすることがないのであれば，1階の方が避難しやすいなどのメリットがあります．

高層建物でも同じようなことがいえます．1階は駐車場や店舗に用いる場合が多いので筋かいや耐震壁が少なく，地震の際に押し潰される危険性が最も高いといえます（図17-4）．しかし，上階になるほど地震時に大きく揺れ，家具の転倒などの可能性は最上階で最も高くなります．地下階の構造は地震に対してもしっかりしているので比較的安全ですが，津波や配管の被害によって，水没する可能性があることも考えられます． 〔石山　祐二〕

図 17-3　地震の際には1階が壊れることが多い(木造住宅の場合，1995年兵庫県南部地震)

図 17-4　地震で1階が壊れた鉄筋コンクリート造アパート（1995年兵庫県南部地震）

18 建物は基礎がいのち

◆地山/盛土の見分け方

最近は傾斜地を宅地に造成して建物を建てる場合が増加しています．この場合，図18-1のように傾斜地の土を一部切り取り，下にその土を盛って平らな地盤を造成することがよく行われています．このような場合，地震時には盛土の上に建っている建物が被害を受けやすいのです(図18-2)．どの部分が盛土であるかを見た目で判断するのは難しいのですが，擁壁に近い部分は盛土であることが多いでしょう．また，盛土ではない地山の部分(地山を切って平らにした部分を切土といいます)は一般に建物にとってよい地盤ですが，崖の下や擁壁の下に建物があると，崖や擁壁が崩れたりすることによって，建物が被害を受ける場合もありますので，敷地を選定するときには，このような点についても注意が必要です．

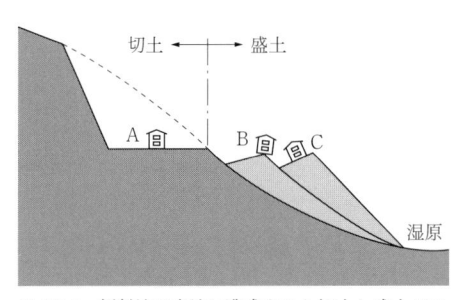

図18-1 傾斜地を宅地に造成すると切土と盛土ができる（1993年釧路沖地震の模式図）
盛土の上の建物が被害を受けやすい．

図18-2 盛土の崩壊による建物被害(1993年釧路沖地震)

◆基礎の設計（べた基礎，松杭など）

最近の木造住宅の基礎の多くは，建物外周直下を連続して囲っている基礎（布基礎と呼ばれます）となっています．布基礎は住宅のような建物に対しては一般に好ましい基礎ですが，布基礎の構造は鉄筋が入っているコンクリート造が推奨されます．また，基礎の深さも十分あり，さらに土台が地面に近く配置されないように地盤面から24 cm以上高くすることも推奨されています．

寒冷地では冬期間に地盤が凍結し春にはそれが融ける現象が生じます．この現象が年々繰り返されますと，地盤は持ち上がったり沈下したりするので，結局は

建物が傾くことになります．このため，寒冷地の基礎の深さは地盤が凍結する深さ（凍結深度といって北海道では60～120 cmくらい）以上にします．このため，寒冷地の基礎は地震に対しても好ましい構造となっています（図18-3）．

　布基礎底部の広がりをフーチングといい，この大きさは建物の重量と地盤の耐力（地耐力といいます）によって決まります．平屋で良好な地盤の場合はフーチングが広がっていない場合も多く，これが必ずしも悪いというわけではありません．地盤が軟弱になるにつれフーチングの幅は大きくなり，建物底面の全てに広がるような基礎となることもあり，これをべた基礎と呼びます．地盤がさらに軟弱であったり，重量の大きな建物（例えば高層鉄筋コンクリート造建物など）は杭で建物を支えることになります．最近の杭は鉄筋コンクリート造のものや鋼製のものが多いのですが，古い建物には木製の杭（木杭といいます）が用いられている場合もあります．基礎や杭は建物が完成すると外からは見ることができませんので，設計・施工の際や善し悪しの判断などは専門家に相談すべきです．

◆基礎への固定

　通常の木造建物の下部には土台があり，土台は布基礎の上にボルトで固定されています．土台を基礎に固定しない方が，地震の際に建物がずれ，その結果として被害は小さくなるという免震効果を主張する人もいます．しかし，一般には土台を基礎に固定した方が地震被害も小さく，安全です．本格的な免震構造を採用して，建物が基礎から数十cm移動しても大丈夫な構造にする場合などを除き，土台は基礎に固定することが推奨されます．　　　　　　　　　　〔石山　祐二〕

図18-3　木造住宅の外周は深い布基礎（1993年釧路沖地震）
地震で盛土の崩壊が生じたが，建物は健全であった．しかし，安全性を考え建物は取り壊された．

図18-4　土台が基礎からずれた被害（1995年兵庫県南部地震）

19 瓦の家は大丈夫？

◆木造住宅の被害

　木造住宅は日本では最も古くから定着している住宅形式ですから，もちろん今までにも地震被害を経験しています．その中でもいわゆる揺れによる被害が著しかったものとしては，古くは1891年濃尾地震や1948年福井地震（図19-1）などがあげられます．その後もいくつかの被害地震が起こっていますが，兵庫県南部地震を除けばこの20年ほどは木造住宅にあまり目立った被害は見られませんでした．特に1990年代前半には比較的規模の大きい地震が北海道・東北地方を何度か襲いましたが，これらの地方の住宅には，

- 比較的雪の多い地域では鉄板葺きの軽い屋根が多い
- 寒冷地では開口部が小さく，したがって壁が多い
- 凍土（冬期の地盤凍結）対策から基礎がしっかり造られている例が多い
- 蟻害（シロアリによる害）がない，またはきわめて少ない

といった特徴があり，大きな被害をもたらしませんでした．これらはいずれも耐震性能よりもむしろその地方の気候・風土への配慮でしたが，結果としてはこれらが地震に対して有利に作用しました．しかし当時はこれらの隠れた要因と被害の関係が議論されることは少なかったようです．

図19-1　木造建物の倒壊（1948年福井地震．日本建築学会による）

◆ 木造住宅のいろいろ

　日本における木造住宅の代表的な構法は在来軸組構法（単に在来構法とも軸組構法ともいう）と呼ばれるもので，古くからの木造構法を基礎として，現在も新しい技術を取り入れながら進歩しつつある構法です．昔ながらの柱と梁による軸組と筋かいなどにより荷重を支える構法で，町の大工さんが一番得意とする構法といってもよいでしょう．日本人に一番なじみの深い構法もこの在来軸組構法です．一方，在来軸組構法のほかに，1965年頃から現れた木質プレハブ住宅やその後やや遅れて導入された2×4（ツーバイフォーと読み，枠組み壁構法ともいう）があります．2×4はもともとは北米生まれで，壁組と床組でいわば大きな箱を造りこれで荷重を支える構法です．

◆ 阪神・淡路大震災と木造住宅

　1995年兵庫県南部地震（阪神・淡路大震災）では木造住宅の被害が大きく（図19-2），それらの倒壊によって数多くの犠牲者が出ましたが，その特徴はどのようなものだったのでしょうか．

　先に紹介した木造住宅の構法のうち，兵庫県南部地震では木質プレハブ住宅や2×4には倒壊というような深刻な被害を受けたものはありませんでしたが，1975年頃より以前の在来構法の木造住宅に大きな被害が生じました．老朽化していたこと，耐震基準とその普及が十分でなかったこと，同じ在来構法であっても現在の手法に比べると古い技術によっていたこと，などが理由として考えられています．また特に関西では台風の襲来や夏季の断熱の関係から，土葺き屋根瓦が普及しており，これも被害を大きくした理由の1つとしてあげられています．

図 19-2　倒壊した木造住宅と無被害の瓦屋根住宅（1995年兵庫県南部地震）

これは瓦を野地板（瓦を葺くために張った屋根の下地板）の上に置いた葺き土と呼ばれる土に接着させ屋根を葺きあげる方法で，瓦の施工を容易にする利点がある反面，土を用いるため屋根の重量が重く地震時にも負担が大きくなりがちです．

一方，1975年頃以降に建設された木造住宅では，葺き土を用いない瓦屋根，スレート，鉄板葺き等が一般に用いられており，また壁にはそれまでの土塗り壁に代わりボード類が多用される傾向にあります．これらの建物ではそれ以降の建物に比べ一般に建物重量が軽く地震に対して有利になるため，倒壊などの深刻な被害の割合がそれ以前の建物よりも低かったことが報告されています．しかしながらその一方で，これらの年代の建物でも建築面積が60 m²以下の場合にはいわゆるミニ開発と呼ばれるような間口の狭い建物が多く，耐力壁の配置などで無理をしがちなため被害率が高いことも指摘されています．なお，1982年以降に建設された建物に限れば，設計基準における必要壁量の強化や比較的築年数が若いこともあり，それ以前に建設されたものに比べて一般に被害程度がきわめて軽微であったことが報告されています（図19-3）．

◆瓦屋根の住宅は危ない？

兵庫県南部地震では，確かに瓦葺きの在来軸組構法と呼ばれる木造住宅に多く

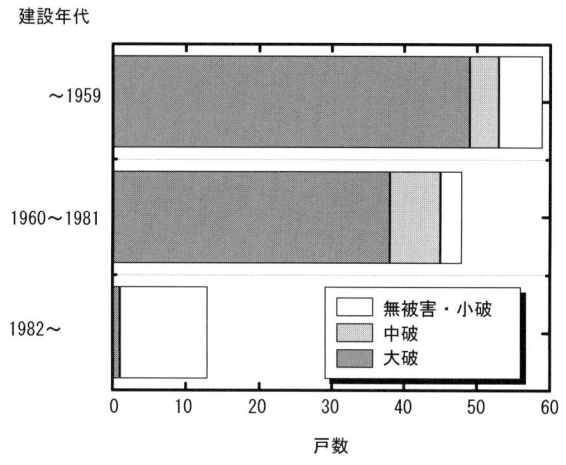

図19-3 木造住宅の建設年代と被害率の関係（神戸市長田区，灘区，東灘区における調査結果．建設省建築研究所による）

の被害がみられましたが，その原因をよく調べてみると，必ずしも「在来軸組構法はだめ」とか「瓦葺きはだめ」といった単純なものではなく，いくつかの要因が重なって被害を大きくしている点に気づきます．これは木造建物に限らず鉄骨造や鉄筋コンクリート造など他の材料を用いた建物にも共通ですが，建物の建設年度が古いものほど被害が大きい傾向にあります．木造住宅についていえば，先にも指摘したとおり，単に屋根が重いというだけでなく，古い耐震規定における必要壁量が現在の規定で必要と考えられている量に比べて不足していたこと，さらに腐朽・蟻害による性能劣化の影響が古い建物ほど大きいこと，などによります．

　一方で，適切な平面計画とともに構造的な配慮がなされ，さらに保守管理の行き届いたものでは，震度7の地域においても，被害が皆無あるいは軽微であった例が少なからず観察されていることは特筆すべき事項でしょう（図 19-2 右）．

　建物の材料には木，鉄，コンクリートとさまざまなものが利用されていますが，いずれも適切な構造計画と構造設計に基づいた丁寧な設計と施工が重要で，鉄だから大丈夫とか木だから危ないといったことはありません．つまりこれらの材料を適切に利用し，かつ適切な維持管理がなされれば，高い性能を保つことができます．また最近では比較的軽量な瓦の開発やその施工の工夫もなされており，これらを利用することで十分性能の高い家を造ることも可能です．

　素材や構法だけで耐震性能を判断するのではなく，建物の特徴に応じて壁や筋かいなどの耐震要素を適切に配置するとともに，老朽化による性能の劣化が生じないように維持管理を行うことが大切です．　　　　　　　　　　〔中埜　良昭〕

20 安全性のチェック
―建物の耐震診断

　私たちも歳をとってくると，特に自覚症状がなくても，病院で自分の健康をチェック（診断）してもらうことが少なくありません．自分の健康について医者の診断を受けることになぞらえて，造ったあと相当の期間を経た建物が，地震に対してどれほど安全かをチェックする行為を「耐震診断」と呼びます．この耐震診断と，安全性に疑問ありと診断されたときに行う補強（一般に「耐震改修」と呼びます）は，地震に対するわれわれの最大の「予防」です．

　耐震診断は，建築技術資格をもった専門家によって行われます．彼らは，建物を造ったときの設計図面等を参照しながら，その建物がもつ強さやねばりの程度を「構造耐震性能指標」と称する量で求め，これを，大地震でも倒れないためには最低でもこれだけは必要と定められた強さやねばり（「必要耐震性能指標」と呼ばれます）と比べることで，その安全度を評価します．評価方法として，コンピュータによる計算を駆使した詳しい分析（精度は高いのですが時間がかかります）から，電卓を使えばできる比較的簡単な方法まで，いくつかのメニューが整備されています．鉄筋コンクリート建物では，特に壁が多いほど地震に対する安全度が高いことが，過去の地震被害の分析からも明らかになっています．図20-1は，1978年に東北地方に強い揺れをもたらした宮城県沖地震で被災した鉄筋コ

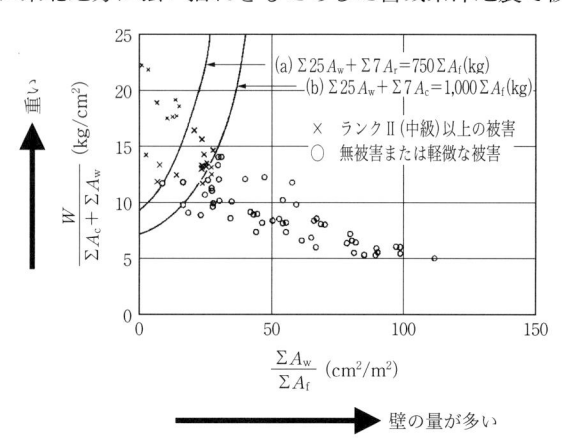

図 20-1　鉄筋コンクリート建物における壁の多さと被害レベルの関係
図中の(a)，(b)で示された曲線は被害の分岐線で，曲線の左上側に位置すると被害度が高いことを示している．

ンクリート建物の被害程度（○：軽微以下，×：中破以上）を，壁や柱が支える重さを縦軸に，壁の量を横軸にとって表したものですが，壁の量が少ない建物に大きな被害が集中しています[1]．この結果も踏まえ，鉄筋コンクリート建物に対する簡単な耐震診断では，壁や柱の断面積を加えあわせて診断する方法をとっています．住宅として一般的な木造建物も，その安全度は，壁や筋かい（斜めに組み込む部材）など建物に強さを与える要素の多寡に大きく左右されます．一般に，「壁倍率」と呼ばれる壁や筋かいがもつ強さの指標を使って木造建物を診断します．

　建物の地震に対する安全度を左右する要因は多岐にわたっていますが，そのなかでも次に示す項目は大切です．

　①　地形・地盤：軟弱な地盤や傾斜地に建つ建物は，地震に伴う地形の変化によって傾く可能性が高くなります．

　②　経年劣化・老朽化：柱や梁や壁などの建物を強くするための要素が，腐食などによって老朽化すれば，それだけ建物が弱くなります．

　③　基礎：いくら建物自身が強くても，建物に加わる力を地面へと伝える基礎の部分が弱くては，建物がばらばらになってしまいます．

　④　重さ：地震によって建物に加わる力は慣性力といい，重さ（質量）と揺れの加速度に比例しますから，同じ揺れでも重いほど大きな力が建物に働きます．

　⑤　強さ：建物が強いか弱いかは，慣性力にどれだけもちこたえることができるかを測るための最も基本的な指標です．

　⑥　粘り：同じ強さをもつ建物でも，強さの限界に達した後すぐにぐしゃっと壊れるものと，ずるずると粘るものでは，地震に対する安全性は格段に違い，粘りのある建物ほど頑張って耐えることができます．

　⑦　平面のバランス：日当たりのよい南側にはほとんど壁がなく，北側だけに壁が集中していたりする建物では，地震に対して建物全体がねじれてしまう可能性が高くなります．

　⑧　高さ方向のバランス：2階以上の強さや重さに比べて1階が相対的に弱いと，1階だけに損傷が集中してぺしゃんこになることがあります．ピロティ形式と呼ばれる建物にはこの種の被害が多く見られました（「ピロティ形式の建物は危ない」を参照）．

　大地震がやって来たときわが家が大丈夫かどうかは，私たちにとって大きな関心事です．専門家による耐震診断を受けるべきかどうかを決断する前に，自分で

表 20-1 わが家の耐震診断チェック表（総点数が 25 点以上であればたいへん不安）

項　目	判　断　と　点　数		
地盤は？	悪い地盤（軟弱地盤等）（10）	左記以外のよい地盤（1）	
建設年代は？	昭和 25 年以前（5）	昭和 35 年以前（2）	昭和 36 年以降（1）
基礎は？	玉石・切石やブロック（10）	コンクリートの布基礎（2）	鉄筋コンクリートの布基礎（1）
屋根は？	重い（日本瓦葺・かや葺など）（2）	軽い（スレート瓦・鉄板など）（1）	
階数は？	2 階建て（2）	平屋（1）	
筋かいは？	入っていない（5）	入っている（1）	
外壁は？	土塗りや下見板貼り（2）	モルタル塗りやボード貼り（1）	
間仕切壁は？	真壁（柱が見える壁）が多い（2）	大壁（柱が見えない壁が多い）（1）	
窓・入口は？	比較的多い（2）	比較的少ない（1）	
大きさは？	大きい室（12 畳以上）がある（2）	比較的小さい（1）	
室の境は？	ふすま・障子など（2）	壁（1）	
住宅は？	店舗つき住宅（2）	専用住宅（1）	
老朽化は？	している（特に北側，水まわり等）（2）	全くか，ほとんどしていない（1）	

　わが家の安全度をチェックしてみることができます．その便として，「わが家（すまい）の耐震診断」と題した簡単な診断シートが提供されています（例えば[2,3]）．表 20-1 はその一例で，それぞれの項目ごとに点数をつけ，その総計が大きいときには，専門家によるより精密な耐震診断を受けることを勧めるものです．専門家による耐震診断を推し進めるために，診断に要する費用を地方自治体が負担してくれる場合も増えてきました．

　先の阪神・淡路大震災では，建物が造られた年代と被害の程度には高い相関が見られ，古い建物ほど地震に弱い事実が明らかになりました（「建物は神戸でどう倒れたか」を参照）．建物の老朽化に加えて，当時の耐震設計と施工の技術が現在ほどには整備されていなかったことなどがその理由です．図 20-2 は，阪神・淡路大震災における木造住宅の被害統計（芦屋市：罹災証明をもとにした統計）で，古い住宅と新しい住宅では被害レベルが大きく違います[4]．この事実も受けて，わが家の耐震診断でも，建設年代を評価項目にあげている場合も少なくありません．ただ，古い建物がすべて危険と考えるのは早計です．古い建物でも，建物を造るプロたちの「つくり込み」技術において優れたものは高い安全度をもっています．それは，造った年代にかかわらず被害レベルがほぼ一定であった 2000 年の鳥取県西部地震による住宅被害調査（図 20-3）からも検証されてい

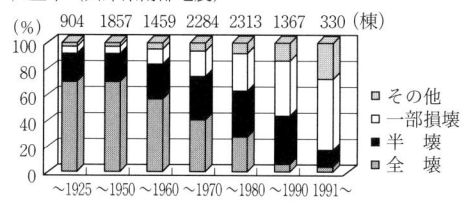

図 20-2 阪神・淡路大震災での住宅被害統計（芦屋市（兵庫県南部地震））

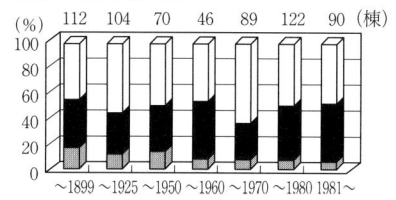

図 20-3 2000年鳥取県西部地震での住宅被害統計（日野町（鳥取県西部地震））

ます[4]．

　さて私たちの町にある建物に対して，耐震診断はどれぐらい行われたのでしょうか．1995年1月の阪神・淡路大震災を受けて，同年10月には，今の建築基準（1981年制定）より前の基準で造られた建物（既存不適格建物と呼ばれます）に対して耐震診断を速やかに実施することを求める，「耐震改修の促進に関する法律」が施行されました．以降耐震診断が最も進んでいるのは，学校を中心とした文教施設です．それでも，耐震診断が実施された既存不適格施設（全施設に対して占める割合は約65%）は約30%，このうち耐震改修が必要と判定されたものは約75%，そのなかで改修された施設は約10%にとどまっています[5]．また，私たちが住む住宅も含めた，民間建物に対する耐震診断や耐震改修となると，その割合は文教施設に比べてはるかに少ない状況です．古い建物の耐震改修は阪神淡路大震災から私たちが学んだ最大の教訓であったにもかかわらず，耐震改修やそれに先立つ耐震診断の実行は遅れ気味です．お金と時間がかかりすぎる，どこから手をつけてよいかわからない等々，理由はいくつもあるでしょうが，先の大震災で多くの方々が亡くなった悲劇をしかととらえ，そして，耐震診断・改修は私たちの子孫に対する責務であると考え，その速やかな実行に向けて地道な努力を怠るわけにはゆきません．

〔中島　正愛〕

21 耐震補強のABC

◆どんな補強方法が有効？

　木造住宅の耐震要素は柱・梁で構成される軸組に筋かいやボード類を釘打ちした壁です．このため，耐震補強をする場合は，筋かいを増設したり壁にボード類を釘打ちすることになります．この場合，注意しなければならないのは，土台と柱や柱と梁の接合部も補強する必要があることです．木造の弱点は接合部にある場合が多く，筋かい端部の接合も力が伝達されるように適切に行うことが重要です（図21-1）．単に釘で接合するのではなく，接合金物を使用することが推奨されます．

　筋かいとボード類を釘打ちした壁を比較しますと，ボード類の壁のほうが数倍の耐力があります．このため，筋かいを入れるよりもボード類を釘打ちすることを推奨します（図21-2）．ボード類には色々ありますが，合板（ベニヤ板と呼ばれることもありますが正しくは合板です）が最も信頼性があり，その中でも構造用合板が最善です．ボード類を釘打ちすると，土台と柱や柱と梁がボード類を介して接合されるというメリットもあります．

　鉄筋コンクリート造のビルなどの補強は，鉄筋コンクリート造の壁（耐震壁といいます）を増設する場合が多いようです（図21-3）．増設した耐震壁によって部屋が仕切られたり，窓がなくなったり小さくなったりする場合もありますので，この方法が適切かどうかをあらかじめ検討しておく必要があります．このため，窓を設けるために筋かいを設ける例も多くあります（図21-4）．

図 21-1　筋かい端部の被害（1978年宮城県沖地震）木造建物は接合部が欠点となることが多い．

図 21-2　被害を受けた木造建物の合板による応急補強（1989年米国ロマプリータ地震）恒久補強にも非常に有効です．

図 21-3　被害を受けた建物に耐震壁を増設した例（1995年兵庫県南部地震）

図 21-4　建物に鋼製筋かいを設置した耐震補強

図 21-5　柱断面を大きくした補強例（1995年兵庫県南部地震）

図 21-6　被害を受けた建物の柱・梁を鋼板によって補強した例（1995年兵庫県南部地震）

図 21-7　炭素繊維シートによる鉄筋コンクリート造柱の補強例

図 21-8　免震建物とした寺院（基礎梁を補強しその下に免震支承を設置）

D　あなたの家は大丈夫か

鉄筋コンクリート造の柱を補強する方法もあり，柱の周りに鉄筋を配置しコンクリートを打ち太い柱とする（図21-5），鋼板で柱の周囲を囲む（図21-6），炭素繊維のシートを柱周囲に接着剤で巻き付ける方法（図21-7）などもあります．その他，建物を基礎から切り離し，その間に積層ゴムや滑り支承など（免震支承といいます）を設置し，免震建物とすることもできます（図21-8）．免震建物とすると，補強が難しい建物や原型をできる限り保存する必要のある耐震性の低い歴史的な建物の耐震性を向上させることができます．

◆**補強費用はいくら？**（簡単に/安く補強する方法）

　補強費用は，建物の規模・構造・補強の程度などによって大きく左右されます．木造住宅の補強費用でも数百万円の単位となることがあります．このため，耐震補強のみの工事をするのではなく，建物を改修する際に，耐震補強をするのが得策です．

　ビルなど大規模な建物を補強する費用は，筋かい1本または耐震壁1枚を増設するのみでも百万～数百万円になります．この場合も，内装材や空調設備などの改修工事をする際に，耐震補強をすることが推奨されます．

◆**経年変化**（何年もつか）**/コンクリート**（材料）**の劣化**

　木造住宅の寿命は20～30年といわれていますが，浴槽周囲などの水回りが最も腐朽しやすいので，その周囲が健全であればそれ以上の寿命があると考えられます．一般の改修や耐震改修する場合に，その建物を今後どの程度使用するかということも考えておく必要があります．

　ビルなどの寿命は木造建物より長いのですが，内装や設備関係は建物の寿命よりもかなり短く，建物の構造は健全でも取り壊される場合が多いようです．耐震改修する場合は，改修後どの程度の期間使用するか（一般には改修後20～30年は使用することになると考えられます）を想定し，改修に要する費用・補強方法・程度などを総合的に考える必要があります．　　　　　　　　　〔石山　祐二〕

22 家具から身を守る

◆地震時に家具は倒れやすい

　地震の際に建物は壊れなくても，家具が転倒したり棚の上の物が落下したりすることがしばしばあります．それによって怪我をしたり，避難が遅れる場合も多いのです．建物が崩壊するような大地震は，日本全国でもそう多くは起こらないのですが，家具が転倒する程度の地震は毎年起こっています．このような状況ですから，家具の転倒対策を行っておくと，その効果を必ず実感することになるでしょう．

◆家具の転倒対策

　では，どのように対策を建てるべきかを考えてみます．まず，建物の上階は地震時に大きく揺れ，家具などの転倒が起こりやすいことを考えるべきです．2階建ての2階に寝室がある場合には，転倒すると危険な家具はないか，家具や棚の上に危険な物は載っていないかを確かめて下さい．そのような物がある場合は，上の物を下に置くことくらいは即座に対応して下さい．最近では，家具の転倒を防止する器具が市販されています．どのように対応するべきかのポイントとして，家具などの振動実験より得られた次のようなことが参考になるでしょう．

　① 家具は丈夫な壁を背にして置くのが耐震上好ましい（壁に密着させて置くより少し離したほうがよい場合もある）．

　② 家具を床や壁などに固定する場合には，家具などの重量に応じ，また繰り返し力が加わることを考慮し，十分な固定方法が必要である．

　③ 2段重ねの家具は，上下段のずれを防ぐことが必要である．

　④ 扉が開きやすいこと，引き出しが出てきやすいことは，耐震上の欠点となる（扉や引き出しに引っかかりのラッチというものがあるのがよい）．

　⑤ ガラスの入っているものは，周囲が多少変形しても，ガラスが壊れない工夫のあるものが好ましい．ガラスの代わりにプラスチックを用いたり，ガラスに飛散防止フィルムを貼るのも一案である．

　⑥ 天井に家具を固定する場合は，天井の強度を考える必要がある（一般には天井はそれほど丈夫でない）．

　⑦ 剛性の低い家具は，中高層ビルでは共振することもあるので注意が必要で

図 22-1　地震で横倒しになった書棚（1989 年ロマプリータ地震）

図 22-2　地震で転倒したロッカー（1978 年宮城県沖地震）

図 22-3　家具の転倒防止対策例（北海道釧路市）

図 22-4　ボトルの転倒防止対策例（北海道浦河町）

ある．

⑧　スチール棚は，鉛直荷重に対しては強いが，水平方向の変位が生じると，本などの重量によって立枠が折れ曲がる（座屈する）ので，水平剛性を高める必要がある．

　前もって対策を立てることは何事についても難しいかもしれませんが，被害写真（図 22-1，図 22-2），転倒防止対策例（図 22-3，図 22-4）や上述のような点を考慮し，ぜひとも対策を立てて下さい．　　　　　　　　　　　〔石山　祐二〕

23 余震の恐怖

◆余震とは

　一般に大きい地震が起きるとその近くで最初の地震より小さな地震が続発します．最初の地震を本震と呼ぶのに対し，後続の地震を余震と呼びます．浅い場所で起こった大きな地震は，ほとんどの場合，余震を伴います．余震の数は本震直後に多く，時間とともに次第に減少しますが，一般に本震のマグニチュードが大きいほど，大きな余震が起こりやすいようです．このため大地震の際には，余震の震源に近い場所で，本震よりも強い揺れに見舞われることもあります．

　余震の中で一番大きいものを最大余震と呼びます．最大余震のマグニチュードは平均的には本震よりも1程度小さくなりますが，本震と変わらない大きい余震が起こることもあります．大きな余震による揺れは，場所によっては本震と同じ程度になることがあります．例えば，1996年3月26日の鹿児島県北西部地震（M 6.5）で最大余震が4月3日に発生し，川内市ではともに震度5強を記録しました．最大余震は多くの場合，内陸では本震から3日程度以内に，海域ではこれより長く10日程度以内に発生しています．

◆余震で家が壊れる！

　余震は不安感をあおり，被災者を心理的に苦しめるばかりでなく，本震で受けた建物の被害をさらに進行させ，倒壊などの二次災害につながる恐れがあるため，余震といえども侮れません．

　図 23-1 は 1985 年メキシコ地震の際に余震で倒壊した高層アパートです．このときは，本震で被害を受けた建物（図 23-1 左）を調査した地元メキシコシティの技術者が，「余震で被害進行の恐れあり」と判断し，住民に避難を勧告していたために，余震で崩れた建物（図 23-1 右）では幸いにも死者は出ませんでした．

　余震は，本震で被害を受けた建物自身のダメージを拡大させるだけでなく，たとえあなたの家には被害がなくても，隣家や背後の崖地などがさらに崩れてあなたの家やあなた自身に被害をもたらす危険性もあります（図 23-2）．

◆余震に備える

　余震による二次災害を防ぐためには，被害を受けた建物の余震に対する危険性

図 23-1 余震で崩れたアパート（1985年メキシコ地震（写真：東大生研・岡田研究室）
左：本震後（写真右と同形式の建物），右：余震後．

図 23-2 余震時に転倒しそうな建物（左：1995年兵庫県南部地震）とブロック塀
（右：1994年三陸はるか沖地震）

を所有者・使用者はもちろん，その周囲にも危険が及ばないように，周辺の住民や通行者にもはっきりと知らせるとともに，危険区域には近づけないような措置が必要です．日本をはじめいくつかの地震国では，このような対応を目的とした「応急危険度判定」と呼ばれる体制が準備されており，地震直後に専門家が被災した建物の危険度を調査・判定します．1995年兵庫県南部地震をはじめ，2001年芸予地震，2004年新潟県中越地震など，最近の被害地震でもこれらの活動が行われています． 〔中埜 良昭〕

24 被害を受けたら

◆被害といえども千差万別

大きな地震を経験した後は，建物に被害はないか，被害があった場合はそれがどの程度で，当面の使用に支障はないのか，などが気になる点です．

さて一口に被害といっても，誰が見ても明らかに甚大な被害から，そうではないものまで千差万別で，一般の方にはその被害の程度を判断することが難しい場合もしばしばです．

図24-1は，窓横の壁にひび割れが生じた建物の一例です．この壁は地震の際に強度を発揮するように意図して設けられたものではなく，主として外部の環境との遮断を目的としたもの（非構造壁とか二次壁などとも呼ばれます）で，これにひび割れが生じていても建物全体としての大きな強度低下は心配する必要のないものです．またこの建物の場合には，地震に対する主要な抵抗要素である柱や梁にはほとんどひび割れなどの損傷は見られません．もちろん継続的に使用するためには補修が必要となりますが，以上のような状況を考えると，余震による被害の拡大はひとまず考えなくてもよいと思われる建物です．

図 24-1 壁に被害が生じた建物の例 —その危険度は？—

E あなたの家が壊れたら

このように，一見被害が生じているように見える建物でも，専門家の目から見れば安全性に関してはさほど問題はないと判断される場合や，またその逆で一見被害程度は軽いと見えても実は深刻な被害を受けている場合など，被害はさまざまです．したがってその被害が安全性にどの程度深刻な影響を与えるかは，一般の居住者や建物の所有者にはわかりにくいこともよくあります．

◆危険度を表すステッカーが建物に貼られたら

そこで，日本をはじめいくつかの地震国では，専門家が建物の余震に対する危険性を判定する「応急危険度判定」の体制が整備されているのは「余震の恐怖」でも紹介した通りです．日本では応急危険度判定士と呼ばれる建築の専門家が被災建物を調査し，あらかじめ設定された判定基準に従って判定します．調査は柱，梁，壁などの被害のほか，窓ガラスや高架水槽などの被害による転倒・落下の危険性の有無や建物の周辺の被害状況なども調査し総合的に判断されます．

その結果は図24-2に示したようなステッカーで各建物に貼付・表示され，居住者や建物の所有者，その周辺の歩行者に注意を促します．危険と判定された建物は赤色のステッカーで，要注意と判定された建物は黄色のステッカーで，調査済は緑色のステッカーでそれぞれ表示されます．

日本国内ではこれまでに，表24-1に示した地震に対して応急危険度判定活動が行われています．大地震が発生した場合は，これらの判定ステッカーの表示がないか注意し，避難や立ち入り禁止が勧告された場合はそれに従うとともに，こ

図 24-2 応急危険度判定結果の表示ステッカー

「危険」は赤色，「要注意」は黄色，「調査済」は緑色のステッカーでそれぞれ表示・貼付されます．

II編　どんな建物が地震に対して安全か

表 24-1 最近の被害地震における応急危険度判定活動（データ：応急危険度判定協議会HPほか）

地 震 名 発 生 日	判定対象 建 物	判定期間 判定士のべ人数	判定結果（棟数）		
			調査済	要注意	危 険
兵庫県南部地震 1995/01/17	共同住宅・長屋	01/18〜02/09 約6,500人	30,832棟	9,302棟	6,476棟
新潟県北部地震 1995/04/01	住 宅	04/02 12人	261棟	36棟	20棟
宮城県北部地震 1996/08/11	住 宅	08/14, 16 34人	127棟	36棟	6棟
鹿児島県北西部地震 1997/03/26, 05/13	木造住宅	04/11, 05/17, 06/04, 05 220人	220棟	452棟	89棟
新島・神津島・三宅島近海地震 2000/07/01, 09, 15	木造住宅	07/03〜10, 17〜 19, 08/02〜05 17人	122棟	108棟	10棟
鳥取県西部地震 2000/10/06	住 宅	10/07〜20 332人	2,138棟	1,499棟	443棟
芸予地震 2001/03/24	住 宅	03/25〜04/12 638人	168棟	921棟	674棟
三陸南地震 2003/05/26	住 宅	05/30, 06/02 5人	2棟	4棟	0棟
宮城県北部地震 2003/07/26	住宅, 公共建築物	07/27〜08/03 743人	3,804棟	2,181棟	1,260棟
新潟県中越地震 2004/10/23	住宅等	10/24〜11/10 3,821人	19,778棟	11,122棟	5,243棟
福岡県西方沖地震 2005/03/20	住宅等	03/20〜03/31 —	1,490棟	1,051棟	471棟

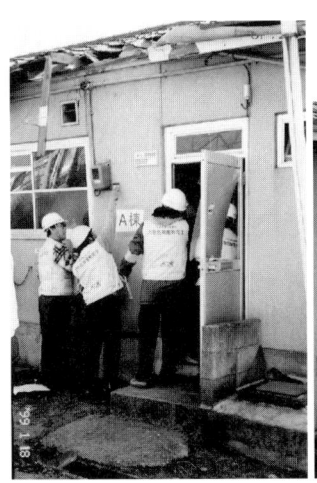

図 24-3 地震被害を模擬した建物を用いての判定士のトレーニング風景

れらの指示がなされた建物には近づかないように十分気をつけることが必要です．

◆日ごろの準備が大事！
　応急危険度判定士の出番がないような平和な毎日が一番であることはいうまでもありませんが，そうもいかないのが地震国・日本の宿命です．いざというときに備えて，判定士は地震による被災を模擬した建物などを利用して，判定方法の習熟や判定技術の維持・向上に努めています（図24-3）．
　また災害の規模が大きい場合は，地元の判定士が判定活動を十分に行えないケースも予想されることから，近隣の組織が連携して活動できるような体制づくりも進められています．

〔中埜　良昭〕

BREAK：地震後にはいろいろな被害判定の活動が始まります！

　大きな地震が発生した後には，ここで紹介した応急危険度判定のほかに，これとは目的の異なるいくつかの判定活動が行われることがあります．その代表的な活動の1つに，全壊，半壊等の被害認定活動があげられます．

　被害認定は，被害の部位と程度に応じてその復旧に要する費用を算定することにより，全壊あるいは半壊の被害程度を定義し，これらに基づき被害程度の早期把握や罹災証明の発行を行おうとするものです．

　いずれの活動も地震直後から活動する必要があるため，両者の活動時期が重なることがあります．しかしながら，応急危険度判定活動は余震等に対する「安全性の評価」を，被害認定活動は家屋の「損壊の程度の把握」をそれぞれ目的としており，両者の目的が異なること，したがって結果の使われ方もまた異なることに留意してください．

25 傾いた家は直せるか？

◆家が壊れた！

　建物が地震で被害を受け傾いた場合，その原因はいろいろ考えられますが，その代表的なものとしては上部構造（地上から上の建物の部分）への被害によるものと，基礎構造（地下に埋まった一般には見えない部分）への被害によるもの，の2種類が考えられるでしょう．

　建物の上部に被害が生じた場合はこれらの被害箇所とその原因を特定し，被災後の建物に残存する耐震性能と長期使用を考えた場合に必要となる耐震性能とを比較するなどして，単に補修（被災前の耐震性能に復旧すること）すればよいのか，あるいは補強（被災前の耐震性能以上に引き上げること）が必要か，を判断する必要があります．復旧程度の判断基準や復旧方法についてはそれぞれの構造種別に応じた技術指針がありますが，補修，補強のいずれにせよ専門家の判断が必要になります．

　一般に，鉄筋コンクリート造や鉄骨造では，明瞭な残留変形が生じるほどに建物が損傷を受けた場合は，主要架構の破壊や接合部の破断などきわめて大きな損傷が生じている可能性が高くなります．特にこれらが広範囲に生じている場合は復旧規模が大きくなったり，復旧箇所数が多くなるため，集合住宅などのように規模が大きくなると被災前の耐震性能に復旧することも難しくなってきます．一方，図25-1に見られるように木造建物の場合はきわめて大きな変形が生じていても，鉄筋コンクリート造や鉄骨造に比べると比較的建物重量が軽いので，建て起こして傾きを戻した後，損傷した部材の取り替えや接合部（仕口，継手）の補強などを行い，再使用されることもあります．ただしこれらの工事にはある程度の施工スペースが必要なため，日本の都市部のように隣接建物との間に十分な空間がない場合は大きな困難を伴います．

◆家が足元から傾いたけれど……

　もう1つの被害は，建物の足元，つまり基礎部分で被害が生じ，これにより建物全体が傾斜するものです．この場合も基礎そのものが壊れ建物が傾く場合と，基礎そのものは壊れずに液状化などの周辺地盤の破壊により建物が不同沈下し傾く場合などが考えられます．いずれにせよなかなか地上からは観察しにくい部位

(地震直後:1階駐車場部分で大きく傾いている)

(地震1年後:建て起こした後補強工事中の建物)
図 25-1　建て起こしにより再使用された木造アパート（1989年ロマプリータ地震）

であることと，復旧にあたっては地盤を掘り返しての工事が必要であることから，大掛かりな工事になる傾向があります．地上より上部の箇所に被害が見られない，あるいは少ない場合には，基礎部分を徐々にジャッキアップさせた後，基礎部分を固めたり補強したりすることも行われます．

　鉄筋コンクリート造建物のように木造などに比べて重くかつ建物規模が大きいものでは建て起こしも一般に容易ではなくなりますが，日本では曳き家，起こし家と呼ばれる建物の移動や建て起こしを専業とする技術もあり，きわめて大きな

図 25-2 液状化による建物の傾斜例(1964年新潟地震．建て起こし後継続使用)(写真：東大生研・岡田研究室)

図 25-3 応急措置の例
上：床の支持，下：つっかい棒や梯子による支持．

傾斜であっても復旧して再使用した例があります（図 25-2）．

◆被害を受けたらまず応急手当を！

　建物が被害を受けた場合は，まずは建物の応急手当が必要です．これは，大きな地震が発生した後は一般に余震が発生しますが，この余震によって被害が進行し建物が復旧不可能になってしまう恐れがあるためです．そのため被害を受けた場合は，被害の進行を最小限に抑え，将来の復旧および継続使用が不可能とならないように，まずは応急措置を施すことが大事です（図 25-3）．またこれらの対応により早期の復旧や復旧経費の節減効果も期待できます．　　〔中埜　良昭〕

26 応急危険度判定

　大きな地震によって建物が被害を受けたとき,「このまま住んでいてよいか,余震などによって倒れるかもわからないので避難しなければならないか」がなによりも心配です.地震直後に,「危ないから避難してください,軽い被害ですから使ってもかまいません」を判定する作業を,応急危険度判定と,またそれを判定する専門家を応急危険度判定士と呼びます.応急危険度は,その性格からも,地震直後にできるだけ多くの判定士を投入し,建物1件ずつの被害を短時間で判定しなければなりません(「被害を受けたら」参照).

　応急危険度判定も,建物の地震に対する安全度を測るという点で,将来の大地震への予防としての「耐震診断」と同じ性格をもっています.しかし,平時に,建物の設計図も見ながら詳細(時間をかけて)に安全度を検討する耐震診断に対して,応急危険度判定では,被災した建物が当面使えるかどうかを即断しなければなりませんので,比較的簡単な判定方法が必要です.建物全体や一部が崩壊するか極端に傾いている場合は,当然危険・立入制限となりますが,その他に,応急危険度判定では,隣の建物が崩壊しそうか(隣の建物が壊れかかってくる可能性があります),地盤が沈んで建物全体が傾いていないか,柱が傾いて建物が横にずれていないか,腐食や蟻害は進行していないか,瓦や窓ガラスや看板などが落ちてくる危険性はないのかなど,15ほどの項目(表26-1参照)をチェックして,それぞれの深刻度に応じて,「危険」(立ち入ることが危険),「要注意」(立ち入るときには十分注意),「調査済」(使用可能)という3段階の評価を下します.そして,交通信号にあわせて,赤(危険),黄(要注意),緑(調査済)のステッカー(図26-1)をよく見えるところに貼って注意を促します.図26-2は,阪神大震災で1階が大きく傾いた建物です.横へのずれを1階の高さ(階高)で割った値を傾斜角と呼び,これが建物の危険度を判定する指標の1つです.木造建物の場合,傾斜角が1/60〜1/20であれば要注意,1/20を超えるようなら危険と判定しています.

　建築士という技術資格をもった専門家たちが応急危険度判定のための特別な講習を受けることによって,応急危険度判定士として認定・登録されます.2005年3月末時点において,全国で9万9,493名の応急危険度判定士が登録されており,地震が勃発したときにボランティアとして行政に協力し危険度を判定する任

表 26-1 応急危険度判定項目（木造住宅の場合）

1. 一見して危険と判定される
   ①建築物全体または一部の崩壊・落階
   ②基礎の著しい破壊・上部構造との著しいずれ
   ③建築物全体または一部の著しい傾斜
2. 隣接建築物・周辺地盤および構造躯体に関する危険度
   ①隣接建築物・周辺地盤の破壊による危険，
   ②構造躯体の不同沈下，③基礎の被害，④建築物の1階の傾斜，⑤壁の被害，⑥腐食・蟻害の有無
3. 落下危険物・転倒危険物に関する危険度
   ①瓦，②窓枠・窓ガラス，③外装材　湿式の場合，
   ④外装材　乾式の場合，⑤看板・機器類，⑥屋外施設

図 26-1 応急危険度判定ステッカー

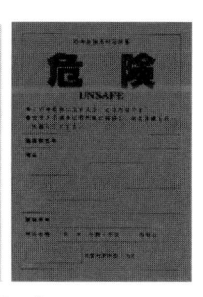

図 26-2 建物の横ずれと傾斜角

にあたります．先の阪神・淡路大震災では，地震翌日から3週間の間に，延べ約6,500人を投入し，約4万7,000棟の建物に対して，危険：約6,500棟，要注意：約9,300棟，調査済：約3万1,000棟という判定が下されました．

応急危険度判定士を養成するための講習会や認定・登録は都道府県ごとに実施され，地震直後には，主として被災地元で登録されている判定士が応急危険度判定にあたります．ただ大きな地震では当然判定士不足に陥ります．このような事態に備え，他の地域から判定士を応援に派遣する体制を整え，また応急危険度判定の方法を継続的に改善したりするために，「全国応急危険度判定協議会」が組織されています(http://www.kenchiku-bosai.or.jp/Jimukyoku/Oukyu/Oukyu.htm)．そこでは，判定士を対象とした訓練事業も定期的に実施し，いざというときに備えています．

〔中島　正愛〕

27 兵庫県南部地震で亡くなった方々の特徴

◆亡くなった場所と年齢分布

1) **どこで亡くなったのでしょうか**　兵庫県南部地震では，関連死を除く約5,500人の犠牲者の80％を優に超える人々が構造物の被害によって亡くなっています．地震の発生時刻が早朝の5時46分であったことから，多くの方々が自宅で被災されたのです．睡眠中を襲われた人も多くいらっしゃいました．

兵庫県の監察医がまとめた地震後2週間までに神戸市内で亡くなった犠牲者（全3,875名の中で十分な分析が可能だった3,651名）について，亡くなった場所をまとめたものが図27-1です．地震の発生時刻が早朝の5時46分であったこともあり，約87％の方々がアパートを含め，ご自宅で亡くなっています．病院まで運ばれて亡くなった人はわずか4％にも満たないのです．

2) **お年寄りが多く亡くなったといわれていますが…**　神戸市内における犠牲者の性別比は，男性が約40％，女性が約60％となっていますが，その年齢分布を見ると，60歳以上の犠牲者が半数を占めています（図27-2）．高齢者での女性に占める割合が高いことが，女性の犠牲者の比率を高くしているのです．

犠牲者に占める高齢者の割合が高い理由としては，とっさの行動が生死を分け

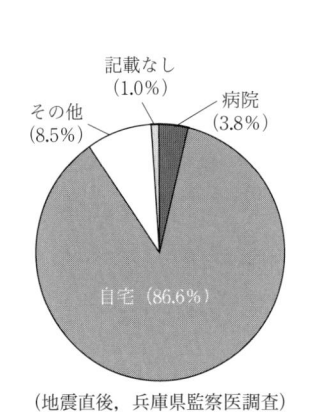

図 27-1　兵庫県南部地震による犠牲者（神戸市内）が亡くなった場所の内訳
（地震直後，兵庫県監察医調査）

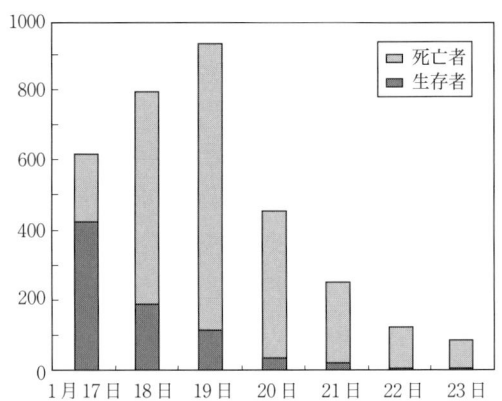

図 27-2　消防隊と自衛隊によって救出された人々と生存率

る状況で機敏な身動きができなかったことが挙げられます．また日本の一般住宅では，足腰の弱い高齢者は1階に暮らされることが多く，この1階が潰れる被害が多かったことも大きな理由です．

この図にはもう1つ非常に重要な事実が示されています．それは足腰が強く，とっさの行動もとれるはずの20～25歳の年齢層に，犠牲者の明瞭な山が見られることです．この比率は，地震当時の人口比率を考慮した上でも，他の年齢層に比べて高いのです．この犠牲者は，神戸以外の場所から神戸に来て勉強していた大学生や大学院生，そして若手の働き手たちです．経済的な問題等から低賃貸料のアパートに住み，そのアパートの耐震性に問題があり，地震で壊れて亡くなったのです．若者が低賃貸料の老朽化アパートに住んでいる状況は，当時の神戸市のみに限った特徴ではありません．わが国の多くの都市化地域で現在も続いています．地震学的に活動期を迎えている現在のわが国において，この問題を解決しないと，次世代を担う多くの若者を地震の度に失ってしまうことになります．

◆亡くなった方々の死因と死亡推定時間
1) **下敷きになってしまった人たちの救出活動**　　兵庫県南部地震では，10.5万棟の建物が全壊し，14万棟の建物が半壊し，これらの被災建物の下敷きになった人々の救出作業は困難を極めました．図27-3は，地震からの1週間に消防士と自衛隊員によって，倒れたり潰れたりした建物の中から救出された人々の数と生

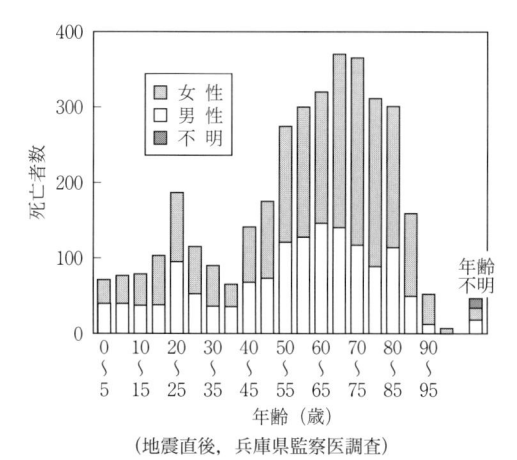

(地震直後，兵庫県監察医調査)

図 27-3　兵庫県南部地震による犠牲者（神戸市内）の年齢分布

存者数です．初日，2日目，3日目と，全体の人数が増加する理由は体制が整うからです．しかし生存者数が死亡者数を上回ったのは初日だけで，2日目以降はその比率が急激に減っています．救出活動における最初の1日をゴールデン24アワーズと呼ぶ所以がここにあります．また3日目くらいまでは，まだ生きている方がそれなりの比率でいらっしゃるので，「3日目までは人命救助第一」で，これをゴールデン72アワーズと呼ぶのです．

しかしここで注意しなくてはならないことがあります．それは，2日目，3日目と激減する生存率について，発見が早ければこの値が大きく変化したであろうと考えることです．すなわち2日目や3日目に，死亡した状態で発見された600人や800人の犠牲者に関して，発見が早ければ，初日であればその7割は死なずにすんだと考えるのは完全な誤りなのです．彼らは監察医による調査結果が示すように，地震の直後にすでに息絶えていたのです．

兵庫県南部地震のように膨大な量の建物被害が発生し，街のいたるところで生き埋めが発生しているような状況下では，消防や警察，自衛隊などの公的な機関や組織が，5分や10分で被災地の隅々にまで対応することは不可能です．現在のわが国の地震学的な活動度と将来的に予想されている被害規模を考えればなおさらです．この図から我々が読み取らなければならないことは，まずは建物の補修・強化が重要であること，次に公的機関による救出活動を過度に期待しない，あるいはこれが開始されるまでの空白期間を埋める地域住民レベルでの救出システムの構築です．

事実，兵庫県南部地震の被災地では，消防や警察，自衛隊といった公的組織でない地域住民の手によって助け出された人や被災建物から自力で這い出した人も大勢いました．その数は，消防や警察，自衛隊によって救出された人々の3倍以上といわれていますし，生存率もずっと高かったことが報告されています．

ただしここには忘れてはいけない重要なポイントがあります．それは，兵庫県南部地震に関しては，市民による直後の救出・救助活動が多くの救出生存者を生んだ一方で，同時多発した震後火災の初期消火活動を後回しにしなくてはいけない状況をもたらしたということです．これが火事の問題を悪くしたのです．

2) 何を原因として亡くなったのでしょうか　　図27-4は兵庫県南部地震の際に，地震の後2週間までの間に神戸市内で亡くなった人々の直接的な死因を調べた結果です．窒息死が全体の53.9％，圧死が12.4％，その他の頭部や首・内臓の損傷，外傷性のショック死などを合わせると83.3％になります．図中で細い矢

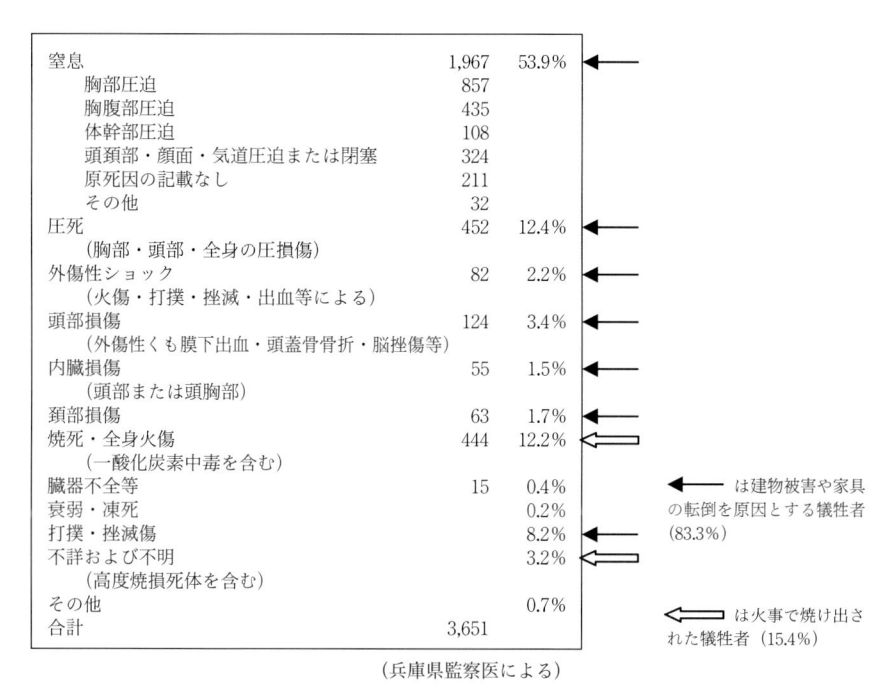

```
窒息                                        1,967    53.9% ◀
    胸部圧迫                                  857
    胸腹部圧迫                                 435
    体幹部圧迫                                 108
    頭頸部・顔面・気道圧迫または閉塞              324
    原死因の記載なし                            211
    その他                                     32
圧死                                          452    12.4% ◀
    (胸部・頭部・全身の圧損傷)
外傷性ショック                                   82     2.2% ◀
    (火傷・打撲・挫滅・出血等による)
頭部損傷                                       124     3.4% ◀
    (外傷性くも膜下出血・頭蓋骨骨折・脳挫傷等)
内臓損傷                                        55     1.5% ◀
    (頭部または頭胸部)
頸部損傷                                        63     1.7% ◀
焼死・全身火傷                                   444    12.2% ⇐
    (一酸化炭素中毒を含む)
臓器不全等                                       15     0.4%      ◀── は建物被害や家具
衰弱・凍死                                              0.2%          の転倒を原因とする犠牲者
打撲・挫滅傷                                            8.2% ◀        (83.3%)
不詳および不明                                          3.2% ⇐
    (高度焼損死体を含む)
その他                                                  0.7%      ⇐── は火事で焼け出さ
合計                                         3,651                    れた犠牲者(15.4%)
```

(兵庫県監察医による)

図 27-4　神戸市の犠牲者の死亡原因

印のついているこれらの犠牲者は，建物の崩壊（脆性破壊）や家具などの転倒・落下などを原因としています．一方，それ以外の死者（16.7%）の9割以上（15.4%）を占める太い矢印のついた犠牲者は火事の現場で発見されています．この中には直接の死因が明らかに火事であったことが確認されている12.2%の犠牲者（生きた状態で火事に襲われ亡くなった人）に加えて，火葬後のお骨と同じような状態まで焼ききってしまい，直接の死因が火事なのか，それともその前の建物被害なのかの判断ができない犠牲者が3.2%いらっしゃいます．火事が直接の死因であった12.2%の犠牲者に関して補足すると，彼らのほとんどは被災した建物の下敷きになって避難できない状態にあり，逃げ出すことができなかったのです．

兵庫県南部地震の後には，消防水利の不足による消火活動の不備や，これを原因とした焼死者の増大が大きく取り上げられましたが，これらの見解は正しくありません．地震当日の神戸市内では，平時には1日に2件前後しか発生しない火災が109件発生しています．しかも地震直後の14分以内（午前6時まで）に53件も発生しているのです．仮に水が十分あったとしても通常の消防体制では，これ

F　命を守るために何をすべきか

らの火災に対して十分な対応を実現することは不可能です．焼死者のほとんどが建物被害がなければ，火事が襲ってくる前に逃げることができたことを考えると，消火活動の問題を指摘する前に，構造物の問題があったことをもっと強く認識しなくてはなりません．また，防災というとすぐに連想する水や食料の欠乏を原因として亡くなっている人がほとんどいないことも重要です．図中にある0.2%の衰弱・凍死という犠牲者も，先の焼死者と同様で，そのほとんどは被災建物に閉じ込められた状態で衰弱・凍死されています．このような方々は，緊急の水や食料の用意があったとしても助からなかったのです．建物の耐震性確保や家具の固定などを適切に実施していないと，直後に発生する死傷者を減らすことは無理だということです．

地震後に発生した「避難所や仮設住宅」「孤独死や関連死」「ゴミ処理」「環境問題」…，などの問題は，いずれも直後に発生した膨大な数の構造物被害と，これを原因として発生した多数の死傷者によって引き起こされたものなのです．つまり建物被害がもっと少なければ，あるいはもっと少なくする対策を事前にとっていれば，これほど重大な問題として顕在化しなくてすんだ可能性が高いのです．

表 27-1 兵庫県南部地震による死者の死亡推定時刻（神戸市内）

死亡日時		死亡者数				死亡者数累計	
		監察医	累計	臨床医	累計		
1/17	～6:00	2221	2221（91.9%）	719	719（58.2%）	2940	（80.5%）
	～9:00	16	2237（92.6%）	58	777（62.9%）	3014	（82.6%）
	～12:00	47	2284（94.5%）	61	838（67.9%）	3122	（85.5%）
	～23:59	12	2296（95.0%）	212	1050（85.0%）	3346	（91.6%）
	時刻不詳	110	2406（99.6%）	84	1134（91.8%）	3540	（97.0%）
1/18		5	2411（99.8%）	62	1196（96.8%）	3607	（98.8%）
1/19			2411（99.8%）	13	1209（97.9%）	3620	（99.2%）
1/20		2	2413（99.9%）	8	1217（98.5%）	3630	（99.4%）
1/21		1	2414（99.9%）	6	1223（99.0%）	3637	（99.6%）
1/22		1	2415（100.0%）	1	1224（99.1%）	3639	（99.7%）
1/24			2415（100.0%）	1	1225（99.2%）	3640	（99.7%）
1/25		1	2416（100.0%）	1	1226（99.3%）	3642	（99.8%）
1/26			2416（100.0%）	2	1228（99.4%）	3644	（99.8%）
1/27			2416（100.0%）	1	1229（99.5%）	3645	（99.8%）
1/28			2416（100.0%）	1	1230（99.6%）	3646	（99.9%）
2/4			2416（100.0%）	1	1231（99.7%）	3647	（99.9%）
	日付なし		2416（100.0%）	4	1235（100.0%）	3651	（100.0%）
計		2416		1235		3651	

（兵庫県監察医による）

3） **いつ亡くなったのでしょうか**　兵庫県南部地震による犠牲者はいつの時点で亡くなっていたのでしょうか．同様に神戸市内の地震後2週間までの犠牲者を対象とした監察医の調査による死亡推定時間を見ると，地震直後の15分以内（監察医によると実際は5分程度）で犠牲者の約92%が亡くなっていました（表27-1）．この比率は直接の死因や死亡時刻が特定できないケースを除くと96%まで上昇します．

ところで，特別な訓練を受けていない一般の臨床医による死亡時刻の推定精度は監察医に比べて低く，死亡時刻とは無関係の遺体搬入時刻を死亡時刻としている例や地震当日などの記載も多いといいます．

兵庫県南部地震のケースでは，地震の発生時刻が早朝であったことから自宅の崩壊によって亡くなった人が兵庫県下で87%にのぼります．これは，補修や補強を含めて，事前のハード対策がない限り，事後対策では救えない被害が人的被害の多くを占めていたことを示しています．

地震後に繰り返し指摘された「もし，あの時に，災害情報システムがあったならば…，内閣に情報がきちんと伝わっていたら…，自衛隊がもっと早く出動していたら，あるいは早く出動できる仕組みになっていれば…，犠牲者の多くを助けることができたのに，彼らの多くは死ななくてすんだのに」という見方は，状況認識が十分ではないのです．　　　　　　　　　　　　　　　　〔目黒　公郎〕

28 パニックは起きるのか

◆心理パニックと集合パニック

　人が現実に対して有効な対応ができるのは，現実の世界と自分のもつ世界像の間に高い対応関係が存在しているからです．両者の対応がとれない状況が生まれると，人は状況の意味がつかめず，怖くて何をしていいかわからなくなってしまうのです．そして，現実の世界に対して働きかけをしなくなってしまうのです．こうした心理状態を「心理パニック」と呼びます．心理パニックは，状況がまずいとわかっていても，本人にはその状況を改善する方策がない場合に発生するといわれています．したがって，第三者から見ると，危難に陥っているのに平然としているように見え，状況に対して何も働きかけていないように見えることが，心理パニックの特徴です．

　それとは全く異なる心理的なメカニズムで起きるのが，「集合パニック」です．災害の際に人々が心配するパニックは，このタイプのパニックが引き起こす社会的混乱です．集合パニックが今までどのような場合に起きたかを見ると，主に3つの場面に分けられます．

　第1の場面は，信頼すべき情報源から虚偽の情報が流される場合です．この原因で発生した集合パニックが最も大きな社会的混乱を生み出すことになる危険性をもっています．最も有名なのは1938年10月30日の夜，オーソン・ウェルズ主演のCBSのラジオ番組「宇宙戦争」が全米に引き起こしたパニックです．1923年の関東大震災のときに発生した朝鮮人虐殺も公官庁からの情報が引き金になっているといわれています．

　集合パニックが発生する第2の場面は，狭いところを多数の人が通過しようとする場合です．特に多いのが屋内で火災が発生し屋外に避難しようとして，出口に人が殺到し，そこで犠牲になる場合です．2001年に兵庫県の明石市での花火の際に起きた歩道橋での圧死事件もこのタイプです．第3の場面は，その場に用意された資源に多くの人が殺到する場面です．1973～1974年にかけて首都圏を中心に起きた石油ショックの際のトイレットペーパーや洗剤の買いだめや，1968年の豊川信用金庫の取り付け騒ぎなどは，この例なのです．

◆集合パニックの発生を決める条件

　集合パニックを起こす危険がある3つの場面には共通点があります．第1は，人々が一斉に同じ行動をとり，環境側の処理能力を超えてしまうことです．つまり，行動の同時多発が問題なのです．第2は，人々はみな必死で，自分のことだけ考えて行動をとっていることです．周囲の人々の状況をみる余裕がないのです．

　日常生活でも行動の同時多発は起きています．例えば，チケットの電話予約を考えてみてください．発売開始と同時に電話がつながらなくなることはよく経験しているはずです．この現象は一斉にたくさんの人が同じ番号に電話をかけることによって，ライン全体が混んでしまって，交換機を守るために回線を切ることが原因で発生します．正月やお盆のときの交通渋滞なども同じ種類の現象です．つまり，一定の容量しかない社会資源に対して過度に行動需要が集中しているのです．しかし，それが社会的混乱とならないのは，そこに関与する人々の間に自分たちがおかれた状況が危険だという認識がないからです．もし，各人が脅威を感じて，自分のことだけを思って行動しはじめたら，集合パニックといわれる状態になる危険性は高いのです．

　集合パニックの場合，個人にとってその行動をすることが最善なのだと考えていることは明白です．自分たちで意思決定をしてその行動をしているわけです．そこが心理パニックと大きく異なる点です．集合パニックの問題は，多くの人が自分のことだけを考えて，ばらばらに同じ判断をして，結果として環境の許容を超えた行動を一斉にとるために発生するようなものが集合パニックだと考えてください．

〔林　春男〕

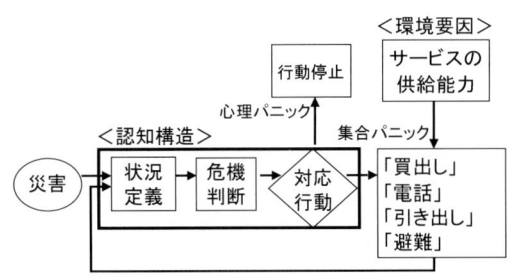

図 28-1　心理パニックと集合パニックの発生のメカニズム

29 安否の確認

◆安否確認

　地震の揺れがおさまり，一緒にいた家族の安全を確保した後，外出中の家族の安否が気がかりです．阪神・淡路大震災は早朝の午前5時46分に発生したため大半の家では家族が揃っていました．しかし，地震はいつ発生するかわかりません．平日の昼間の地震では家族がそれぞれの持ち場で離れ離れになっていることのほうが多いでしょう．地震の際の連絡の仕方，連絡がつかない場合の集合場所など家庭内での普段からの話し合い，取り決めが必要です．個人的な安否情報もラジオ，新聞などのマスコミによって流されます．1964年新潟地震のとき初めて安否情報が流されました．阪神・淡路大震災では，各放送局が数日にわたって安否情報を流しました．特に，地方のラジオ局，ミニFM局はきめ細かい近隣の住民の安否情報を発信しました．新聞各社も安否情報を掲載しました．新聞の場合，大量の情報を掲載できるという利点があります．

◆帰宅困難者対策

　地震の発生により，鉄道や道路など交通施設の被災により，公共交通機関の運行停止や道路の不通・渋滞が生じます．自宅を離れ都心部にいる人々が家族の安否を気遣い帰宅しようと一斉に駅ターミナルに集まるものの交通機関の不通で大量の人が足止めされることが予想されます．徒歩でとても帰宅できない人を特に帰宅困難者と呼んでいます．特に首都圏をはじめ大都市圏では昼間の都心部への集中が著しく，交通機関の発達により自宅までの距離が長くなっています．地域行政体で従来行ってきた被害想定では主に定住人口を基に被災者の見積もりを行ってきました．いわば，夜間に地震が発生した場合の想定をしてきたことになります．東京都の1997年公表された「東京都における直下地震の被害想定」では初めて帰宅困難者の問題を取り上げ，具体的に帰宅困難者の見積もりを行っています．表29-1に想定に用いられた項目・条件を掲げます．このような条件で，帰宅困難者が総計371万人，うち区部で335万人に達すると算定しています．これを基に対策として，情報収集体制の構築，安否確認手段の確保，水・食糧などの備蓄，訓練の実施などを上げています．これらの対策は行政に頼るのみでなく，企業など，各事業体での備蓄などの取り組みが求められています．

朝倉書店〈天文学・地学関連書〉ご案内

応用気象学シリーズ4 豪雨・豪雪の気象学
吉崎正憲・加藤輝之著
A5判 196頁 定価4410円（本体4200円）（16704-7）

日本に多くの被害をもたらす豪雨・豪雪は積乱雲によりもたらされる。本書は最新の数値モデルを駆使して，それらの複雑なメカニズムを解明する。〔内容〕乾燥・湿潤大気／降水過程／積乱雲／豪雨のメカニズム／豪雪のメカニズム／数値モデル

恐竜野外博物館
小畠郁生監訳　池田比佐子訳
A4変判 144頁 定価3990円（本体3800円）（16252-3）

現生の動物のように生き生きとした形で復元された仮想的観察ガイドブック。〔目次〕三畳紀（コエロフィシス他）／ジュラ紀（マメンチサウルス他）／白亜紀前・中期（ミクロラプトル他）／白亜紀後期（トリケラトプス，ヴェロキラプトル他）

日本地方地質誌4 中部地方（CD-ROM付）
日本地質学会編
B5判 588頁 定価26250円（本体25000円）（16784-9）

日本の地質を地方別に解説した決定版。中部地方は「総論」と露頭を地域別に解説した「各論」で構成。〔内容〕【総論】基本枠組み／プレート運動とテクトニクス／地質体の特徴【各論】飛驒／舞鶴／来馬・手取／伊豆／断層／活火山／資源／災害／他

地震防災のはなし —都市直下地震に備える—
岡田恒男・土岐憲三編
A5判 192頁 定価3045円（本体2900円）（16047-5）

阪神淡路・新潟中越などを経て都市直下型地震は国民的関心事でもある。本書はそれらへの対策・対応を専門家が数式を一切使わず正確に伝える。〔内容〕地震が来る／どんな建物が地震に対して安全か／街と暮らしを守るために／防災の最前線

風成塵とレス
成瀬敏郎著
A5判 208頁 定価5040円（本体4800円）（16048-2）

今後の第四紀研究に寄与するこの分野の成書。〔内容〕風成塵とレスの特徴／ESR分析と酸素同位体比分析／南西諸島と南九州のレス／北九州，本州，北海道／韓国／中国黄土／最終間氷期以降／ボーリングコア／文明の基盤／気候変動

第四紀学
町田洋編著
B5判 336頁 定価7875円（本体7500円）（16036-9）

現在の地球環境は地球史の現代（第四紀）の変遷史研究を通じて解明されるとの考えで編まれた大学の学部・大学院レベルの教科書。〔内容〕基礎的概念／第四紀地史の枠組み／地殻の変動／気候変化／地表環境の変遷／生物の変遷／人類史／問題と展望

オックスフォード 地球科学辞典
坂幸恭監訳
A5判 720頁 定価15750円（本体15000円）（16043-7）

定評あるオックスフォードの辞典シリーズの一冊"Earth Science(New Edition)"の翻訳。項目は五十音配列とし読者の便宜を図った。広範な「地球科学」の学問分野——地質学，天文学，惑星科学，気候学，気象学，応用地質学，地球化学，地形学，地球物理学，水文学，鉱物学，岩石学，古生物学，古生態学，土壌学，堆積学，構造地質学，テクトニクス，火山学などから約6000の術語を選定し，信頼のおける定義・意味を記述した。新版では特に惑星探査，石油探査における術語が追加された

自然災害の事典
岡田義光編
A5判 708頁 定価21000円（本体20000円）（16044-4）

〔内容〕地震災害-観測体制の視点から（基礎知識・地震調査観測体制）／地震災害-地震防災の視点から／火山災害（火山と噴火・災害・観測・噴火予知と実例）／気象災害（構造と防災・地形・大気現象・構造物による防災・避難による防災）／雪氷環境防災（雪氷環境防災・雪氷災害）／土砂災害（顕著な土砂災害・地滑り分類・斜面変動の分布と地帯区分・斜面変動の発生原因と機構・地滑り構造・予測・対策）／リモートセンシングによる災害の調査／地球環境変化と災害／自然災害年表

岩石学辞典
鈴木淑夫著
B5判 912頁 定価39900円（本体38000円）（16246-2）

岩石の名称・組織・成分・構造・作用など，堆積岩，変成岩，火成岩の関連語彙を集大成した本邦初の辞典。歴史的名称や参考文献を充実させ，資料にあたる際の便宜も図った。〔内容〕一般名称（科学・学説の名称／地殻・岩石圏／コロイド他）／堆積岩（組織・構造／成分の形式／鉱物／セメント，マトリクス他）／変成岩（変成作用の種類／後退変成作用／面構造／ミグマタイト他）／火成岩（岩石の成分／空洞／石基／ガラス／粒状組織他）／参考文献／付録（粘性率測定値／組織図／相図他）

地質学ハンドブック
加藤碵一・脇田浩二編集編
A5判 712頁 定価24150円（本体23000円）（16240-0）

地質調査総合センターの総力を結集した実用的なハンドブック。研究手法を解説する基礎編，具体的な調査法を紹介する応用編，資料編の三部構成。〔内容〕〈基礎編：手法〉地質学／地球化学（分析・実験）／地球物理学（リモセン・重力・磁力探査）／〈応用編：調査法〉地質体のマッピング／活断層（認定・トレンチ）／地下資源（鉱物・エネルギー）／地熱資源／地質災害（地震・火山・土砂）／環境地質（調査・地下水）／土木地質（ダム・トンネル・道路）／海洋・湖沼／惑星（隕石・画像解析）／他

宇宙から見た地質 ―日本と世界―
加藤碵一・山口 靖・渡辺 宏・薦田麻子編
B5判 160頁 定価7770円（本体7400円）（16344-5）

ASTER衛星画像を活用して世界の特徴的な地質をカラーで魅力的に解説。〔内容〕富士山／三宅島／エトナ火山／アナトリア／南極／カムチャツカ／セントヘレンズ／シナイ半島／チベット／キュブライト／アンデス／リフトバレー／石林／など

化石革命
小畠郁生監訳　加藤 珪訳
A5判 232頁 定価3780円（本体3600円）（16250-9）

化石の発見・研究が自然観や生命観に与えた「革命」的な影響を8つのテーマに沿って記述。〔目次〕初期の発見／絶滅した怪物／アダム以前の人間／地質学の成立／鳥から恐竜へ／地球と生命の誕生／バージェス頁岩と哺乳類／DNAの復元

ひとめでわかる 化石のみかた
小畠郁生監訳　舟木嘉浩・舟木秋子訳
B5判 164頁 定価4830円（本体4600円）（16251-6）

古生物学の研究上で重要な分類群をとりあげ，その特徴を解説した教科書。〔目次〕化石の分類と進化／海綿／サンゴ／腕足動物／棘皮動物／三葉虫／軟体動物／筆石／脊椎動物／陸上植物／微化石／生痕化石／先カンブリア代／顕生代

バージェス頁岩 化石図譜
D.E.G.ブリッグス他著　大野照文監訳
A5判 248頁 定価5670円（本体5400円）（16245-5）

カンブリア紀の生物大爆発を示す多種多様な化石のうち主要な約85の写真に復元図をつけて簡潔に解説した好評の"The Fossils of the Burgess Shale"の翻訳。わかりやすい入門書として，また化石の写真集としても楽しめる。研究史付

基礎地球科学
西村祐二郎編著　鈴木盛久・今岡照喜・高木秀雄・金折裕司・磯崎行雄著
A5判 244頁 定価3360円（本体3200円）（16042-0）

地球科学の基礎を平易に解説しながら地球環境問題を深く理解できるよう配慮。一般教育だけでなく理・教育・土木・建築系の入門書にも最適。〔内容〕地動の概観／地球の構造／地殻の物質／地殻の変動と進化／地球の歴史／地球と人類の共生

続プレートテクトニクスの基礎
瀬野徹三著
A5判 176頁 定価3990円（本体3800円）（16038-3）

『プレートテクトニクスの基礎』に続き，プレート内変形（応力場，活断層のタイプ），プレート運動の原動力を扱う。〔内容〕プレートに働く力／海洋プレート／スラブ／大陸・弧／プレートテクトニクスとマントル対流／プレート運動の原動力

オックスフォード 天文学辞典

岡村定矩監訳
A5判 504頁 定価10080円（本体9600円）（15017-9）

アマチュア天文愛好家の間で使われている一般的な用語・名称から，研究者の世界で使われている専門的用語に至るまで，天文学の用語を細大漏らさずに収録したうえに，関連のある物理学の概念や地球物理学関係の用語も収録して，簡潔かつ平易に解説した辞典。最新のデータに基づき，テクノロジーや望遠鏡・観測所の記載も豊富。巻末付録として，惑星の衛星，星座，星団，星雲，銀河等の一覧表を付す。項目数約4000。学生から研究者まで，便利に使えるレファランスブック

天文の事典

磯部・佐藤・岡村・辻・吉澤・渡邊編
B5判 696頁 定価29925円（本体28500円）（15015-5）

天文学の最新の知見をまとめ，地球から宇宙全般にわたる宇宙像が得られるよう，包括的・体系的に理解できるように解説したもの。〔内容〕宇宙の誕生（ビッグバン宇宙論，宇宙初期の物質進化他），宇宙と銀河（星とガスの運動，クェーサー他），銀河をつくるもの（星の誕生と惑星系の起源他），太陽と太陽系（恒星としての太陽，太陽惑星間環境他），天文学の観測手段（光学観測，電波観測他），天文学の発展（恒星世界の広がり，天体物理学の誕生他），人類と宇宙，など

雪と氷の事典

日本雪氷学会編
A5判 784頁 定価26250円（本体25000円）（16117-5）

日本人の日常生活になじみ深い「雪」「氷」を科学・技術・生活・文化の多方面から解明し，あらゆる知見を集大成した本邦初の事典。身近な疑問に答え，ためになるコラムも多数掲載。〔内容〕雪氷圏／降雪／積雪／融雪／吹雪／雪崩／氷／氷河／極地氷床／海氷／凍上・凍土／雪氷と地球環境変動／宇宙雪氷／雪氷災害と対策／雪氷と生活／雪氷リモートセンシング／雪氷観測／付録（雪氷研究年表／関連機関リスト／関連データ）／コラム（雪はなぜ白いか？／シャボン玉も凍る？他）

気象ハンドブック 第3版

新田 尚・住 明正・伊藤朋之・野瀬純一編
B5判 1040頁 定価39900円（本体38000円）（16116-8）

現代気象問題を取り入れ，環境問題と絡めたよりモダンな気象関係の総合情報源・データブック。[気象学]地球／大気構造／大気放射過程／大気熱力学／大気大循環[気象現象]地球規模／総観規模／局地気象[気象技術]地表からの観測／宇宙からの気象観測[応用気象]農業生産／林業／水産／大気汚染／防災／病気[気象・気候情報]観測値情報／予測情報[現代気象問題]地球温暖化／オゾン層破壊／汚染物質長距離輸送／炭素循環／防災／宇宙からの地球観測／気候変動／経済[気象資料]

オックスフォード 気象辞典

山岸米二郎監訳
A5判 320頁 定価8190円（本体7800円）（16118-2）

1800語に及ぶ気象，予報，気候に関する用語を解説したもの。特有の事項には図による例も掲げながら解説した，信頼ある包括的な辞書。世界のどこでいつ最大の雹が見つかったかなど，世界中のさまざまな気象・気候記録も随所に埋め込まれている。海洋学，陸水学，気候学領域の関連用語も収載。気象学の発展に貢献した重要な科学者の紹介，主な雲の写真，気候システムの衛星画像も掲載。気象学および地理学を学ぶ学生からアマチュア気象学者にとり重要な情報源となるものである

古生物の科学
古生物学の視野を広げ,レベルアップを成し遂げる

1. 古生物の総説・分類
速水 格・森 啓編
B5判 264頁 定価12600円(本体12000円) (16641-5)

科学的理論・技術の発展に伴い変貌し,多様化した古生物学を平易に解説。〔内容〕古生物学の研究・略史／分類学の原理・方法／モネラ界／原生生物界／海綿動物門／古杯動物門／刺胞動物門／腕足動物門／軟体動物門／節足動物門／他

2. 古生物の形態と解析
棚部一成・森 啓編
B5判 232頁 定価12600円(本体12000円) (16642-2)

化石の形態の計測とその解析から,生物の進化や形態形成等を読み解く方法を紹介。〔内容〕相同性とは何か／形態進化の発生的側面／形態測定学／成長の規則と形の形成／構成形態学／理論形態学／バイオメカニクス／時間を担う形態

3. 古生物の生活史
池谷仙之・棚部一成編
B5判 292頁 定価13650円(本体13000円) (16643-9)

古生物の多種多様な生活史を,最新の研究例から具体的に解説。〔内容〕生殖(性比・性差)／繁殖と発生／成長(絶対成長・相対成長・個体発生・生活環)／機能形態／生活様式(二枚貝・底生生物・恐竜・脊椎動物)／個体群の構造と動態／生物地理他

4. 古生物の進化
小澤智生・瀬戸口烈司・速水 格編
B5判 272頁 定価12600円(本体12000円) (16644-6)

生命の進化を古生物学の立場から追求する最新のアプローチを紹介する。〔内容〕進化の規模と様式／種分化／種間関係／異時性／分子進化／生体高分子／貝殻内部構造とその系統・進化／絶滅／進化の時間から「いま・ここ」の数理的構造へ／他

5. 地球環境と生命史
鎮西清高・植村和彦編
B5判 264頁 定価12600円(本体12000円) (16645-3)

地球史・生命史解明における様々な内容をその方法と最新の研究と共に紹介。〔内容〕〈古生物学と地球環境〉化石の生成／古環境の復元／生層序／放散虫と古海洋学／海洋生物地理学／同位体〈生命の歴史〉起源／動物／植物／生物事変／群集／他

生命と地球の進化アトラスⅠ ―地球の起源からシルル紀―
R.T.J.ムーディ・A.Yu.ジュラヴリョフ著　小畠郁生監訳
A4変判 148頁 定価9240円(本体8800円) (16242-4)

第Ⅰ巻ではプレートテクトニクスや化石などの基本概念を解説し,地球と生命の誕生から,カンブリア紀の爆発的進化を経て,シルル紀までを扱う。〔内容〕地球の起源／生命の起源／始生代／原生代／カンブリア紀／オルドビス紀／シルル紀

生命と地球の進化アトラスⅡ ―デボン紀から白亜紀―
D.ディクソン著　小畠郁生監訳
A4変判 148頁 定価9240円(本体8800円) (16243-1)

第Ⅱ巻では,魚類,両生類,昆虫,哺乳類的爬虫類,爬虫類,アンモナイト,恐竜,被子植物,鳥類の進化などのテーマをまじえながら白亜紀までを概観する。〔内容〕デボン紀／石炭紀前期／石炭紀後期／ペルム紀／三畳紀／ジュラ紀／白亜紀

生命と地球の進化アトラスⅢ ―第三紀から現代―
I.ジェンキンス著　小畠郁生監訳
A4変判 148頁 定価9240円(本体8800円) (16244-8)

第Ⅲ巻では,哺乳類,食肉類,有蹄類,霊長類,人類の進化,および地球温暖化,現代における種の絶滅などの地球環境問題をとりあげ,新生代を振り返りつつ,生命と地球の未来を展望する。〔内容〕古第三紀／新第三紀／更新世／完新世

ISBNは978-4-254-を省略　　　　　　　　　　　　(表示価格は2007年3月現在)

朝倉書店
〒162-8707　東京都新宿区新小川町6-29
電話　直通(03) 3260-7631　FAX (03) 3260-0180
http://www.asakura.co.jp　　eigyo@asakura.co.jp

表 29-1 東京都の帰宅困難者算定の項目・前提条件（東京都，1997）

数量化項目	外出者数	地震発生直後の鉄道や道路等の交通機関の運行停止および不通区間の発生によって，自宅のある区市町村以外で足止めされた人の数
	帰宅困難者数	外出者のうち徒歩で帰宅することが困難な人の数
前提条件		就業者・学生だけでなく，私事目的による移動者も考慮
		震度5以上の揺れで交通機関は点検等のため停止し，また夜間に入るなど運行再開に時間がかかるため，4つの想定地震ケースともに，帰宅手段としては徒歩のみ
		自宅までの帰宅距離は，滞留している所在地と帰宅先の区市町村庁舎間の距離を代表させて計算
		帰宅距離10 km以内の人は全員「帰宅可能」
		帰宅距離10～20 kmでは，被災者個人の運動能力の差から，1 km長くなるごとに「帰宅可能」者が10％ずつ低減
		帰宅距離20 km以上の人は全員「帰宅困難」

◆災害時伝言ダイヤル

　災害のニュースが全国に報道されると全国から見舞いの電話が殺到します．電話は施設の被害がなくても急増した需要に対応できなくなり，いわゆる輻輳（ふくそう）が生じます．優先電話を除いて通話制限がかけられ対処されますが，つながらない状況が不安を拡大させ需要を拡大していきます．阪神・淡路大震災では，約1/3の加入電話が交換機の故障，建物の倒潰・火災により不通となりました．被害を受けていない電話も輻輳により被災地の中からも外につながりにくくなりました．優先度の高い公衆電話だけが通話可能で長蛇の列ができました．しかし，停電地区ではカード・100円硬貨が受け付けられず，10円硬貨のみの使用となりました．これも，料金箱がすぐ満杯になり回収が追いつかず使用不能に陥りました．一方，携帯電話は使用でき重宝がられました．しかし，その後加入者が飛躍的に増加したため，固定電話と同じように輻輳（ふくそう）が生じます．これらの教訓から，NTTでは災害時の被災地の公衆電話の無料化を進めました．また，被災地内外からの電話の需要を伝言というかたちで全国の電話局に分散記憶させ利用する「災害用伝言ダイヤル」システムが1998年に整備されました．被災地内の電話番号をメールボックスとして，安否等の情報を音声により伝達するボイスメールで，被災地内外からの録音・再生ができるものです．伝言は電話番号の末尾3桁により全国各地に用意された蓄積装置に自動的に振り分け記憶するというもので，被災地で発生する輻輳に対処するものです．番号171（いない）でアクセスできるようになっています．

〔鏡味　洋史〕

30 地震火災から街を守る

◆世界的大火災は地震火災

　火災は，わが国の都市域のように木造の住宅が建ち並ぶ地域にとって，最も恐ろしい災害の1つです．焼失面積から見た世界の都市大火の番付によれば，1位が1923年の関東大震災の東京で34.7 km²に及んでいます．2位は1906年のサンフランシスコ大地震で，サンフランシスコ市全域が焼失しています（図30-1）．3位も関東大震災の横浜市です．このように見ると，世界的な都市大火の上位は地震火災が占めています．ちなみに，火災が多発した阪神・淡路大震災の神戸市は，焼失面積的には0.7 km²で番付外です．

図 30-1　地震後の火災で市全域が全焼した1906年4月のサンフランシスコ市（同市ホームページ（http://www.sfmuseum.org/1906/photos.html）より）

　このように歴史的にも，地震の直後に発生する火災は広く延焼することがあり，地震そのものによる被害より大きくなる恐れがあります．2006年に東京都防災会議が発表した「首都直下地震による東京の被害想定」によれば，東京湾北部地震による総焼失面積は98 km²に及び，推定死者数4,662人のうち2,742人が火災による死者となっています．

◆地震火災と平常時火災の出火原因の違い

　地震直後またはしばらく時間が経ってから発生する火災と，平常時に発生する火災との違いについて考えてみましょう．平成17年度の消防白書によれば，平

常時火災の出火原因から見た出火件数のトップは，「放火または放火の疑い」で23.2%を占めています．そのあと，「たばこ」，「コンロ」，「たき火」，「火遊び」，「ストーブ」などが原因の失火がこの順で続いています．

一方，同白書による阪神・淡路大震災時の出火原因の上位は，「ストーブ」，「電灯電話等の配線」，「電気機器」，「コンロ」，「放火」，「配線器具」の順となっています．この地震が冬場に発生したということもありますが，ストーブが第1位になっています．また，「通電火災」という，停電が復旧したあと電気器具や配線から漏電したり熱をもったりして出火するものが，新しい火災原因として注目されました．また「放火」は火災保険目当てのものでしょうが，火災保険では地震火災がカバーされないことを知らなかったようです．

◆地震火災はなぜ燃え広がるか？

地震火災は，出火原因において平常時火災と違いが見られるばかりではなく，出火件数や消防力においても大きな違いがあります．平常時は放火を除けば，ある地域に同時に火災が多数発生することはありません．しかし地震時は，強い揺れによって火気器具が転倒したりするのが原因なので，ほぼ同時期に多数が集中的に発生します．

また，通常の失火の場合だと，住民により，早い時期に消火器や水による消火によってボヤでくい止めることが多いのですが，地震火災の場合は，住民が避難していて火災を発見できなかったり，家具の転倒や建物の損壊などにより初期消火が困難だったりすることが多くあります．また，阪神・淡路大震災で見られたように，消防用水の不足や道路通行障害などによって，消防活動が非常に困難に

図 30-2　阪神・淡路大震災
左：道路段差により歩道を迂回する消防車，右：長田区の火災．

なる恐れがあります（図30-2左）．水道管の破裂や防火水槽の損壊により，延焼を止められなかった神戸市長田区の例は記憶に新しいところです（図30-2右）．

◆**地震火災から街を守るには**

　恐ろしい地震火災からあなたの街を守るにはどうしたらいいのでしょうか．長期的な対策としては，道路を広げ，建物を不燃化し，燃えない街をつくることです．これについては，次項で述べられます．

　消防力を地震に備えて強化することも重要です．一般の水道は地震火災のときは期待できないので，防火水槽や河川水など，別の消火用水の水源を確保する必要があります．東京消防庁の地震対策では，水道水に頼らず消火用水を確保する計画になっており，耐震性貯水槽を公園などに設置しています．また，住宅が倒壊して道路を塞ぐことも予想されるので，道路に接して建つ建物は補強したりして，地震時に通行障害を起こさないような対策が必要です．

　さらに一般住民も，電気器具や火気器具の地震発生時の始末に十分注意する必要があります．消火器を家庭に備える，避難するときはガスの元栓やブレーカーを落とすなどの対応を忘れてはなりません．地震火災を防ぐには，このように住民，消防，行政などが一体となって努力することが必要です．　　〔山崎　文雄〕

31 燃えない街をつくるには

◆阪神・淡路大震災では，どのような街が燃えたか

　阪神・淡路大震災では，早朝であり就寝中の人が多く，食事の準備や採暖で火気を使用していた家庭はあまり多くありませんでした．しかし，多くの出火がありました．出火原因は特定できないものも多くありましたが，電気ストーブなど電気器具・配線からが一番多く，次いでガス器具，一般火気，薬品などがあげられています．地震発生当時，風は風速1～2m/秒と弱く，延焼は緩慢でしたが，いくつかは消火活動が満足にできず延焼火災となりました．建設省建築研究所（当時）では図31-1に示す150か所について現地調査を行いました．出火点の多くは震度7の地域と重なり，揺れの大きさ，建物の倒壊が直接的な原因となっていることを物語っています．大規模に延焼した地区は神戸市の長田，須磨，兵庫区で，焼失地区は第二次大戦中の焼失を免れ，その後の区画整理が行われず古い木造建築が残っていた地域と重なっています．

　図31-2は1棟あたりの平均宅地面積と火災規模との関係を示したもので，宅地面積が狭いほど大規模な火災が発生し，100 m^{2}以上の地区では大規模な火災は発生していないことを表しています．このように大規模延焼火災を受けた地区はいずれも古い木造建物が密集した地域であり，道路も狭い地域でした．特に大

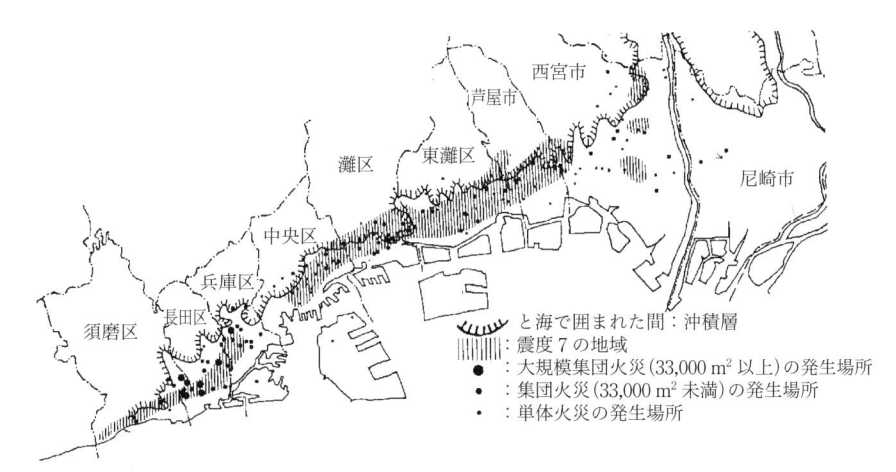

図31-1　阪神・淡路大震災における火災の発生場所（糸井川・北後（1998），阪神・淡路大震災調査報告6. 火災・情報, p.22による）

G　地震火災はおそろしい

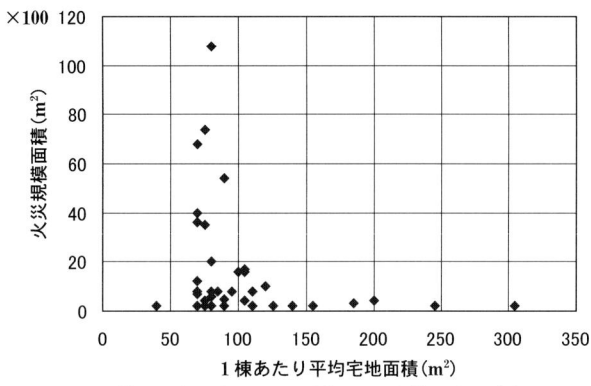

図 31-2 阪神・淡路大震災による延焼火災の規模と宅地面積の関係
（前掲書，p.130 の図を簡略化）

きな被害を受けた長田地区はケミカルシューズの地場産業地で可燃物を多く抱えた住工混合地域でした．

　延焼火災が止まるためには，消防活動によるもののほか，耐火建築群や延焼する建物などがない焼け止まり空間の存在です．焼け止まりは，幅の広い河川，道路，鉄道用地など帯状の空地，公園等まとまった空地で見られました．これらは都市を延焼火災から守る重要な役割を果たし，それらの適切な配置が安全な都市空間を形成することになります．

◆燃えない街をつくるために

　最初に各家庭の周りから考えて見ましょう．燃えない街をつくるためには，まず，個々の家から火を出さないこと，出火しても隣家へ燃え移らせないことが基本です．そのためには建物そのものを燃えにくくすることと，隣家との間隔を十分にとり，たとえ出火しても隣に燃え移らなくすることです．建物の不燃化は鉄筋コンクリート造のような耐火造あるいは木造の場合でも外壁をモルタル仕上げや不燃材のサイディングで覆い防火構造にすることです．しかし，古いモルタル仕上げの建物では激しい揺れによりモルタルが落下して下地の木ズリが露出し防火性能を発揮できなくなります．鉄筋コンクリート造の場合も窓など開口部が大きく破壊しますと容易に建物内の可燃物に延焼するようになります．火災の面からも構造物の被害をなくすことが大切です．

　隣家への延焼の危険度は隣棟間隔により大きく異なります．狭小な敷地に老朽

化した木造建物が密集している地域は木造住宅密集市街地（密集市街地）と呼ばれ、地震火災の最も危険度の高い地域です。旧市街地と無秩序に農地などをつぶし市街化が進んだ地区などに存在します。旧市街は、インナーシティとも呼ばれ都心の周辺の地区でみられ、かつて下町的賑わいのあった地区です。人口減少や高齢化が進み建物の建て替えが進まず老朽木造家屋が残る地域です。一般に街路も狭く建蔽率の高い密集地域です。特に、戦災を免れ、その後の区画整理が行われなかった地区では密度が高く延焼危険度が高くなっています。木造密集地域の狭隘な道路は延焼危険のみならず消火・救急活動の妨げになります。建築基準法で建物は幅員4m以上の道路に接する必要がありますが、既存の密集市街地では4m未満の狭隘な道路が存在し、行き止まりや袋小路などが多くあります。一方、阪神・淡路大震災では、市街地内の小公園など地区レベルの空間が被害拡大の抑制に、また応急対応時の活動拠点として役立ちました。これらの狭隘道路の解消とともに小さなオープンスペースを災害時の住民の防災活動拠点として確保することが求められ、地区レベルでの防災まちづくりの必要性が再認識されました。

　これらを改善するための法定事業を表31-1に示します。住宅地区改良法に基づく住宅地区改良事業、都市開発法に基づく市街地再開発事業などがありますが、後者は駅前市街地など適用地区が限定されています。土地区画整理事業は最も古く農地も含め広く行われてきています。土地の所有者から土地を一部提供（減歩）してもらい、これらを道路、公園などの用地にあて街区の再構成を行うものです。

表 31-1　市街地の改善のための法定事業

事業名	根拠となる法令とその前身	内容
土地区画整理事業	土地区画改良に係わる法律 耕地整理法 土地区画整理法（昭29）	土地所有者から土地の一部を提供（減歩）し、道路・公園など公共施設などの用地にあて街区を再編成（換地）する
住宅地区改良事業	不良住宅地区改良法 住宅地区改良法（昭35）	不良住宅の除却、収用 改良住宅の建設
市街地再開発事業	市街地改造法 防災建築街区造成法 都市再開発法（昭44）	街路や駅前広場等の公共施設の整備に関連して周辺地区を整備

阪神・淡路大震災の復興では，これら既存の復興事業手法を適用して早い立上げを図るとともに，被災市街地復興特別措置法，各市では震災復興緊急整備条例などを制定し面的な整備が推し進められました．神戸市の新長田・鷹取など10地区に震災復興土地区画整理事業，神戸市六甲道南地区など6地区に震災復興市街地再開発事業，などが適用されました．神戸市では震災復興緊急整備条例により24の重点復興地区を指定し復興を図りました．西宮，芦屋，伊丹，尼崎の各市でも条例を制定し，復興を進めました．各事業は行政主導の事業として立ち上げられましたが，まちづくり協議会を発足させ住民参加のもとで進められました．まちづくりは，神戸市真野地区のように震災以前より取り組みのあったところもありますが，多くは震災を機に重点復興地域を中心に100あまりの協議会が設立されました．

　地区の防災まちづくりは，狭隘道路の拡幅，付け替えなどによる解消，小公園などオープンスペースの確保，共同建て替えによる不燃化などがあげられますが，地域特性に応じた事業制度を選択し具体化していく必要があります．

◆燃えない都市をめざして

　次に，都市全体で考えてみましょう．近隣に燃え移った火災を市域全域に拡大させない工夫が必要です．延焼防止に効果のある，広幅員の道路で街区が区切られ地区内で発生した延焼火災を隣接の地区に延焼させないことが大切です．広幅員の道路は延焼阻止ばかりでなく，震災後の救援活動にも重要な役割を果たします．道路の他，水路，鉄道用地など線状の空地が延焼阻止に役立ちます．都市内の樹木などの緑も延焼防止に役立っています．延焼遮断帯は十分な幅員のある空地，耐火建築物で囲まれた連続した街路などを連続させたもので，これらで市街地を区切り，相互の延焼を食い止めようとするものです．一方，出火せず，他から延焼を受けることがないようにするのが理想ですが，広域の延焼火災が発生した場合の避難を考えておくことも現状では避けられません．首都圏をはじめ各都市では，広域地震火災を想定した，避難場所および避難路の設定がなされ，これらを骨格に防災都市計画が立てられています．　　　　　　　　　　　〔鏡味　洋史〕

III 編

街と暮らしを守るために

H　ライフラインを維持する

I　復興に向けて

32 地震に弱いライフライン

◆避けがたいライフライン被災

　兵庫県南部地震ではライフラインには大きな被害が発生しました．神戸市の水道では復旧するのに70日，ガスは90日，電話は2週間，電力は1週間を必要としました（図32-1）．その間われわれはたいへん不自由な生活を強いられ，ライフラインのありがたさを改めて知ったような次第です（図32-2，表32-1，32-2）．日常の生活に不便が発生しただけではなく，水道消火栓から水がでないために消火活動は困難を極めて，火災による多くの死者が発生しています．その数は死者全体の10%にも及んでいます．また，地震直後に電力設備の被害によって停電が発生しましたが，ヒーターなどの熱源やプラグに差し入れたコード類が損傷した状況で，復旧工事が終わった地域一帯に一斉に通電したことによって，電

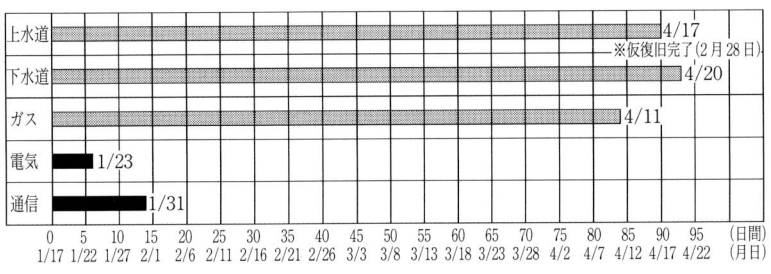

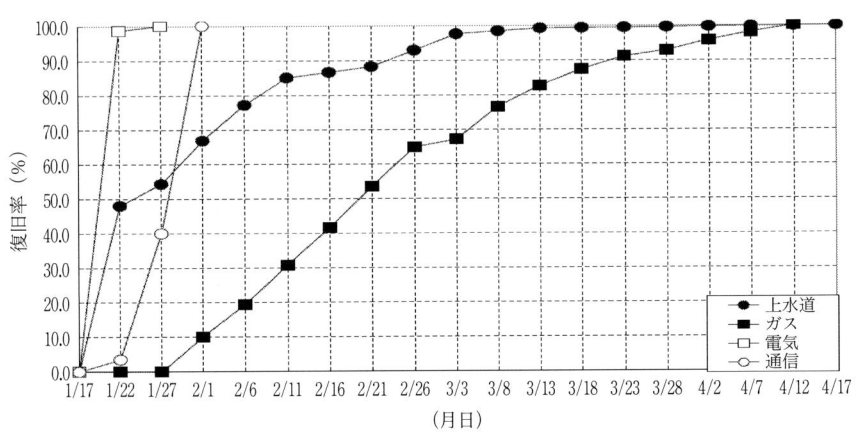

図 32-1　ライフラインの復旧状況

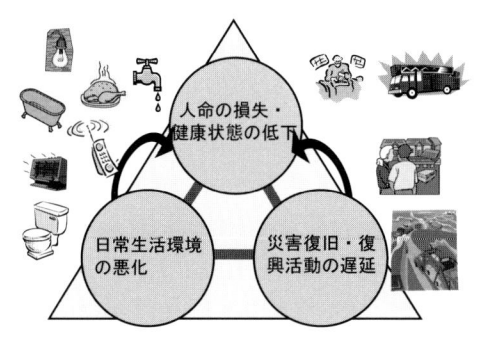

図 32-2 ライフライン機能損傷による影響

表 32-1 被害状況

上水道（約 558 億円）	断水 127 万戸
下水道（約 646 億円）	被害管渠延長約 164 km
ガス（約 1,900 億円）	供給停止 84 万 5,000 戸
電力（約 2,300 億円）	停電 260 万戸（大阪府北部を含む）
通信（約 300 億円）	不通（交換機系）約 28 万 5,000 回線
	（加入者系）約 19 万 3,000 回線

表 32-2 震後ライフラインの役割

	上水道	下水道	電力	ガス
救命ライフライン	緊急医療用水 消火用水 発電機用水	病院トイレ 汚物処理	緊急医療用電力 病院冷暖房 道路照明・信号	病院冷暖房
復旧支援ライフライン	避難所飲料水 避難所風呂 トイレ・洗濯	避難所トイレ 避難所生活 他ライフライン復旧	対策本部・防災機関 瓦礫処理 避難所生活	遺体処理
生活ライフライン	飲料水 トイレ・風呂 洗濯・炊事 業務用水	トイレ 汚水流し	照明 トイレ・風呂 炊事・洗濯 冷暖房 業務用電力	炊事 風呂 冷暖房 業務用ガス

線がショートして火花が発生し，また発熱によって出火して，火災・延焼を招くという事態が発生しました．さらに，応急手当のために担ぎ込まれた病院では電力や水道水が停止していたために，人命に関わったことも報告されています．このように，ライフラインの破壊は人命にも影響してくるのです．

震度 5 程度の地震ではわれわれの住んでいる家屋が倒壊するということはきわ

めてまれですが，ライフラインはその程度の地震でも停止することがしばしばあります．これはなぜでしょうか．都市の人口が増えるに従って，古いライフライン施設に継ぎ足されるようにネットワーク状にライフラインは延びていきます．新しいライフライン施設には地震に強い材料も使われているのですが，古い施設は地震に対する安全性の配慮がなされていないものがほとんどです．強い地震を受けると，このような古いライフライン施設は洗い出されるように破壊されます．すると，それに繋がっている新しい施設は大丈夫なのですが，壊れた古いライフラインから水道やガス，電気や電話が来ないものですから，ライフラインは停止することになるのです．古い施設は順次入れ替えられていますが，30〜40年の歴史をもつ古いライフライン施設は，地震に強い施設に替えるのに長期間要することになって，被害が起こってしまうのです．このような状態ですから，ライフラインの機能停止は避けがたいことになるのです．

◆抵抗力と回復力

　ライフラインが地震に対して強いということは2つの側面から考える必要があります．1つは地震に対してライフラインが破壊されないという抵抗力です．ライフラインの中でも地震で破壊されやすい設備は地中にある管路です．材料や継手を工夫して地震に強い管路が最近では多用されています．いくつかのライフラインを大きなトンネルのような構造物に収容する共同溝も抵抗力を増す目的をもっています．もう1つの側面は回復力です．たとえ地震で古いライフラインの設備が壊れて機能が停止しても，すぐに回復するということが大切なのです．人間でも病気にならないという抵抗力は大事ですが，病気になってもすぐに元気になるという回復力が健康のバロメーターになるのと同じです．抵抗力はハードの地震対策といえますが，回復力はソフトの地震対策といえます．ライフライン被害が不可避ということをいいましたが，被害が起こったときにいかに早く回復するかに対して，兵庫県南部地震以降は特に力点が置かれています．そのいくつかを紹介しましょう．まず，被害がどこに起こったかを把握することが大切なのですが，管路は地中にあるためにその把握が大変に難しいのです．そのために種々のセンサー類を設置したり，間接的に地盤の揺れをキャッチするモニタリングなどが利用されようとしています．被害が把握されると次は修繕になるのですが，供給が停止される地域を限定するブロック化などの措置がとられます．緊急対応に関しては，被災されたライフラインのほかに，その地域に供給が可能なルートが

あればそれでカバーできるわけで，そのようなシステムは冗長性があるといわれ，バックアップ体制が整ったシステムといえます．

◆新たなライフラインシステムの構築に向けて

　ライフラインシステムにとって何よりもこの冗長性が大切なものとなります．さらにライフラインは同じ道路の下に埋設されている場合が多く，同じような場所で被災するケースがほとんどです．そのために，修復に当たっては，ライフライン事業者相互の連携が大事になります．しかし，兵庫県南部地震の折は，ライフライン事業者相互の連絡はほとんどとられることはなく，各事業者が独自に復旧作業に取り掛かったのです．そのために，かえって復旧作業が遅れたことが指摘されています．地震後には，行政がライフラインの復旧作業の調整を行うライフライン連絡協議会が設置されました．同じ道路の下に埋設されているライフラインがすべて管轄の官庁が異なるというのは，復旧の折にはかえって障害となります．地方の行政では，被災や復旧の情報を一元的に掌握する官庁が必要になると思われます．

　また，兵庫県南部地震では，関西地域全体を覆うようなライフラインシステムが，限定された地域の被害にもかかわらず，システムが膨大なために被害が全体に及んだという指摘がなされ，自立分散型システムの構築が必要であるとの議論が活発になりました．しかし，理想はそうであっても現実システムをどう変えていくかは容易ではありません．水道システムであれば，市町を超えた水供給の融通や，電力やガスの地域供給型システムの構築が徐々に進められるようになってきました．電力やガス供給の規制緩和とともに，地域住民の多様なニーズに対応したライフライン機能が今後，確立されていくものと思われます．〔高田　至郎〕

33 電力はいつ復旧するか

◆電力供給の仕組み

　電力は次のように家庭に供給されます．まず，水力・火力・原子力などの発電所から架空送電線により一次変電所に送られ，二次変電所を経て架空または地中配電線によって特殊施設あるいは一般供給用の配電変電所へ送られます．さらに，柱上変圧器などを経て地中・地上配電線により家庭・工場へと供給されます．

　発電設備には，発電機・ボイラー・配管など水力・火力・原子力のそれぞれについて特有の施設があり，送電設備では鉄塔などがあります．また，変電設備には，変圧器・ガスおよび空気遮断機・断路器・避雷器などがあげられます．さらに配電設備関係では，高低圧線・引き込み線・柱上変圧器・埋設管・マンホールなどがあります．電力供給システムでは送電系統に多重ネットワークが配慮されている場合が多く，また，市街地配電システムでは，系統別に供給区分ができるように，かつ系統間の相互融通ができるようになっています．この電力供給システムは周波数の指標によって，時々刻々変化する需要と供給のバランスをとるように給電指令所によって制御されています．

◆電力設備のどこが地震に弱いか

　電力供給は阪神・淡路大震災直後，兵庫県南部，大阪府の一部市町村で供給がストップし，約260万戸に影響が及びました．切り替え送電により2時間以内に100万戸まで減少しています．地震によってなぜ電力の供給は停止されたのでしょうか．幸いにも水力や原子力発電所は被害地域にはありませんでしたが，21か所の火力発電所のうち，大阪湾に面している10か所の火力発電所に被害が発生しています．また，861か所あった変電所のうち50か所に設備被害が出ました（図33-1）．しかし，何よりも大きな理由は，送電線や配電線が切断されたことによって通電が不可能になったことです．送電線は，一般に鉄塔に支持されて高い電圧の電力を通す設備ですが，配電線は一般家庭にも通電している低い電圧のもので，延長が非常に長くなっています．神戸地域では高圧回線の被害率は5％，低圧回線では31％の被害でした．ある電力系統に故障が起きると，別の電力系統に切り替える系統切り替えという手段がありますが，兵庫県南部地震では変電所も大きな被害を受けたので系統切り替えもうまくいかなかったのです．

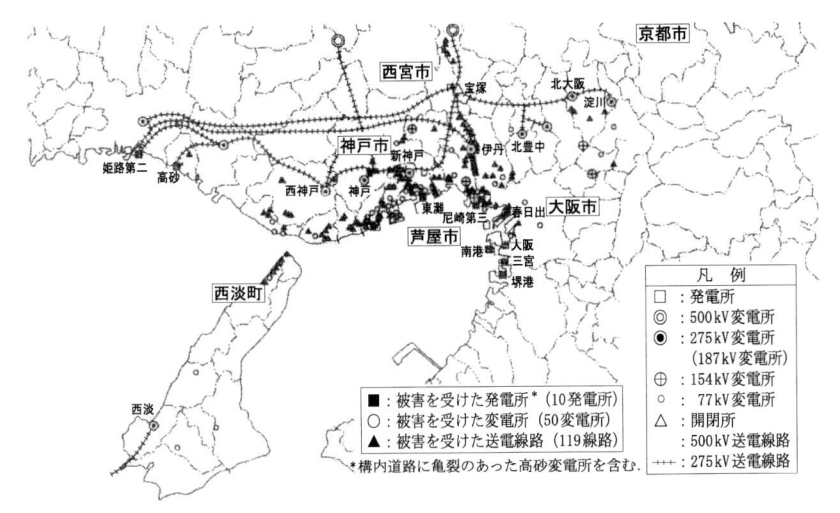

図 33-1 架空設備（電力）の被害

◆復旧はどのように行われたのか

　停電の復旧にあたっては使用可能な架空設備を最大限に活用し，応急送電することを最優先に実施されました．高圧発電機やバイパスケーブルによる応急送電などの方法をとり，地震発生から6日後にあたる1月23日15時をもって家屋倒壊などで供給できないところを除き完了しています．しかしながら，当時，出火原因が電気に関連したいわゆる通電火災が報告されています．これは，電線などの復旧工事が終わると，その地域にいっせいに電力の供給を再開するのですが，壊れた家屋の中には，断線したままの電力ケーブルがあり，ショートしたり，裸の発熱線に電力が供給されることによって，出火の原因となったものです．早期の応急復旧は果たしたものの，応急復旧の抱える課題の1つに通電火災があったことは，あらためて広く認識されなければならない課題といえるでしょう．一方，このような電力供給システムの早期復旧により，NTTから電柱を借用したいとの申し出にも応じることができるようになり，電力供給システムの架空設備が他のライフラインの仮復旧にも役立ちました．一方，地中設備の復旧には被災箇所の特定が困難で，道路掘削を伴うなどの理由により他のライフライン同様相当な時間を要しました．電力の早期復旧は，① 被災した154 kV系統から77 kV系統への切り替え送電，② 架空線での復旧，③ 関西電力独自の連絡システム，④ 全国電力会社からの応援体制，⑤ 事前の設備耐震対策，などが功を奏したも

H　ライフラインを維持する　|　97

のと考えられます．なお復旧にあたった人員は協力会社も含めて，最大6,100人です．なお，自家発電機をもたない避難所や発電機の機能しなかった病院のために移動用の高圧発電機車も出動しています．応急送電箇所は三宮営業所・兵庫営業所を中心に56か所に上っています．発電機車は制御所などの電力施設自体にも使われましたが，継続して運転するための追加の燃料確保が必要でした．

◆地震対策はどのように行われているか

　一般に発電設備は信頼度の高い耐震設計がなされています．変電設備では，従来，碍子・碍管類の被害が多発していますが，昭和55（1980）年より「変電所等における電気設備の耐震対策指針」（日本電気協会電気技術調査会）に基づいて，共振3波法という設計やその他の防災対策がとられています．送電鉄塔などでは地震外力より高いレベルの風荷重によって設計されています．地中管路については，長年使用されている管路や耐震的でない管路も多々敷設されており，強度の高い管材の使用などの耐震対策が進められています．とくに，橋台や建物背面では不等沈下による管路の損傷が予想されるので，伸縮と回転量の大きい耐震継手が使用されています．ケーブルについても段差試験・曲げ試験が行われ，耐震対策が実施されています．上記の個々の施設の耐震対策とともに，システムとしての冗長性を取り入れる工夫がなされています．すなわち，幹線ラインの多重ネットワーク化やバイパス電力管の設置を図り，1つのラインに故障が生じた場合でも，バックアップシステム（図33-2）により安定した電力供給がなされるようなシステム構成が目指されています．さらに，系統別に供給区分ができるように，かつ系統間の相互融通ができるようになっています．　　〔高田　至郎〕

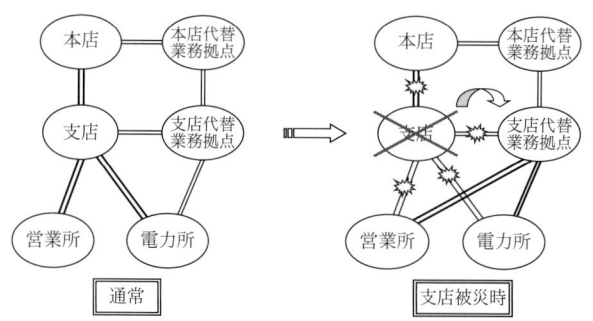

図 33-2　電力バックアップシステム

34 電話が使えない

◆電話システムの仕組み

電話の最近のシステムは次のようなものです．加入者線群局，区域内中継局，中継局，特定中継局より構成されています．群局から発信した市外通話が県内・県外区域へ伝送される場合は，中継局へ送られて，着信側の中継局，群局へと伝送されます．これらの通信システムはネットワークが多重構成となって「冗長性」をもたせています．最近ではアナログ電話網からデジタル回線への変換が図られています．

電気通信設備は屋内設備と屋外設備に大別されます．屋内設備には建物・鉄塔・アンテナ・交換機・電力装置・制御機器類があり，屋外設備には洞道・管路・ケーブルなどの地下設備および電柱・支線などの架空構造物があります．屋内設備は点的施設であり，屋外設備は線的・面的施設といえます．点的施設について分散配置によって冗長性を確保するとともに，線的・面的施設については，ネットワーク構成の仕方によって，システムの信頼性を向上させる配慮がなされています（図34-1）．

◆兵庫県南部地震による被害

地震からしばらくは電話は通じていましたが，すぐに電話が常に話し中のような状態となり使用できなかったことは記憶に新しいと思います．なぜ，そのような状態が生じたのでしょうか．2つ原因があります．1つは以下に述べるように，電話設備に物理的な被害が発生したためです．次には，安否の確認などで皆がいっせいに電話を使ったために，容量がパンクしてしまったためです．このような電話の状態を輻輳と呼んでいます．地震当時に普及し始めた携帯電話は回線に余裕があったために輻輳は生じず，連絡手段としてたいへん有効でした．しかし，その後爆発的に普及した携帯電話は，最近の新潟県中部地震などでは，やはり輻輳状態となっています．物理的被害では，被災地域に埋設されている約3,700 kmの地中管ではその5.9％に損傷が生じました．被害の主な内容は，管路のマンホール内への押し出し，マンホール管の折損などです．また，継手の種類については1960〜1970年代に敷設された印籠継手やネジ継手での破損割合が高くなっています．またケーブルが入っている地中管路で被害を受けた施設の延長は

H ライフラインを維持する | 99

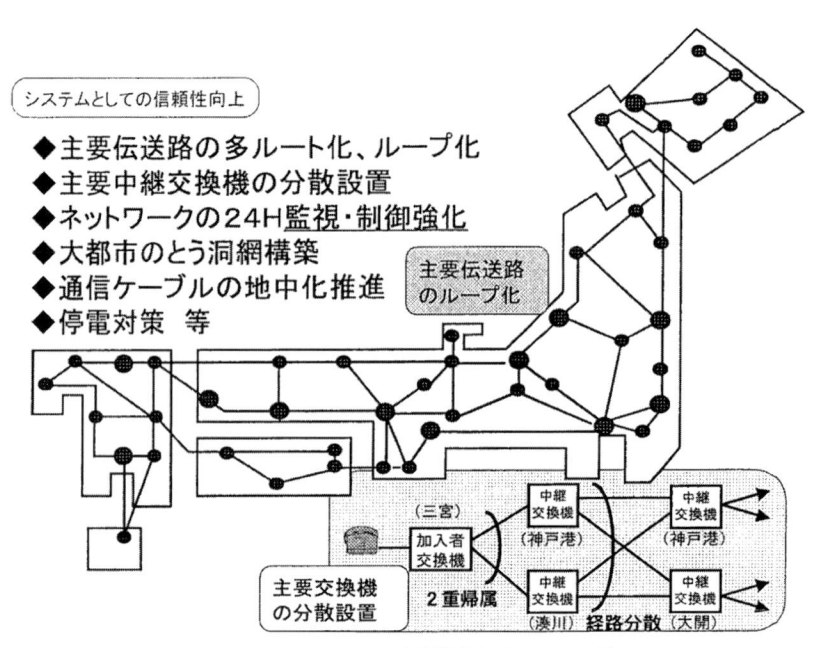

図 34-1　ネットワークの信頼性向上（NTT 西日本）

217 km でした．ケーブルの全断が発生したのは，建物との取り付け部，電柱への引き上げ部などです．地中管が河川を横断する箇所では管路を架空橋で支持していますが，これらの架空橋 261 か所のうち 72 か所で圧縮力によるねじれ変形などの被害が生じましたが，直接，電話の不通には関係していません．本地震では，家屋の倒壊に伴う電柱の倒壊，家屋の倒壊に伴う架空線路の切断，および

図 34-2　架空設備の被害状況

火災による架空線路の焼失などの被害が多発しており，不通の主な原因となりました．架空設備は，ケーブル335 km，電柱3,613本および多数の引き込み線が被災しました（図34-2）．阪神高速道路やJRの施設の倒壊に伴い，これらに敷設されていた長距離系の光ケーブルも切断されましたが，迂回ルートの利用により不通には至りませんでした．

◆復旧はどのように行われたか

　NTTでは，地震発生直後の17日8時30分に災害復旧本部員を招集，点検復旧にあたりました．18日中に移動用電源車を導入し，これによってバックアップ電源の故障していた8か所の交換局が稼働を開始し，19日には28万5,000回線であった不通回線が，8万5,000回線に減少しました．また，専用回線も3,170回線で不通となっていましたが高速デジタル回線は1月31日に，一般回線は2月20日までに回復しています．これらの交換局では予備電源としてバッテリと非常用発電機が準備されていましたが，これらの機器自体が損傷し機能はしませんでした．機能したバッテリも容量不足が問題となっています．非常用設備の耐震性に関しての大きな課題を残しました．その後，NTT神戸支店の約1,000名と他所管からの応援約3,000名による総員4,000名によって被害の把握，復旧が進められ，1月31日には家屋の倒壊などによって復旧不可能な回線3万8,000回線を除いて，全域で復旧し通話可能となりました．復旧作業に導入された設備は，移動用電源車11台，衛星無線車6台などです．その間，必要なところには臨時電話を設けるなど被災者の対応にあたっています．

◆電話の地震防災対策

　局舎については，一般の建築物より高い耐震性をもたせた設計となっています．また，局内の交換機，電力装置，制御機器類は地震災害の経験を生かして，天井・床などに固定しており，免震装置を取り付けて対策を施しています．地下設備については，開削洞道の伸縮部の設置，シールド洞道の補強鉄筋の挿入などによって耐震設計を行うとともに，管路については，ダクトスリーブ・伸縮継手・離脱防止継手・橋梁添架用伸縮継手などの耐震継手類の設置や差し込み継手管の使用，グラベルドレーンなどによる液状化対策がとられています．また，架空設備については，架空線路の軽量化や鋼管柱の使用，液状化対策がなされています．さらに，ケーブルについては変形実験などを実施して信頼性を確認すると

ともに，洞道内ケーブルの落下防止や同軸ケーブルの圧着式接続などの対策が行われています．

　設備自体の耐震化とともに，システムの信頼性を向上させるために，市外交換機の分散，市外伝送路の多ルート化，通信衛星の利用拡大，市内中継線の2ルート化，防災関連機関などへの引込回線の2ルート化・二重帰属化などの措置がとられています．2ルート化は，1つの電話局から加入者までへの回線を2ルートとすることで，電話局に引き込まれる回線が全て被災すれば2ルートの効果がないため，1つの加入者が2つの電話局に回線をもつ「二重帰属化」の対策も行われています．また，早期復旧のために，非常用移動電話局装置・移動電源車・可搬無線機などが準備され，緊急措置計画の策定・復旧応援体制の確立・応急ケーブルの配備・防災訓練などが実施されています．また，輻輳防止のために，兵庫県南部地震以降は171（いない）番に通話すると，留守電のように相手の伝言が聞けたりするボイスメールシステムが登場しています（「情報をどう伝えるか？」参照）．

〔髙田　至郎〕

35 命を守る水

◆水供給システム

　水供給システムは水源，取水，浄水，送水，配水，給水とこれらに関わる機械・電気設備からなっています．水源には河川・湖沼・貯水池・井戸・湧水・伏流水などがあり，取水関係では取水門・取水塔・取水枠・取水管渠などの構造物があります．原水を浄化する施設に凝集池・沈殿池・濾過池・浄水池などがあります．原水を水源から浄水場に導くことを導水，浄水を浄水場から配水池まで送ることを送水と呼んでいます．送水施設には開水路・管水路・管橋などがあり，配水は浄化された水を供給区域内に配ることをいい，配水池・配水塔・高架水槽・配水管などがあります．管路には鋼管・鋳鉄管・コンクリート管・塩化ビニル管などがあり，それぞれ特有の継手構造をもっていますが，鋳鉄管・コンクリート管などは地震で壊れやすい管路です．配水支管から分岐して需要家の給水口までの引き込み設備は給水装置と呼ばれています．また，水供給システムは地域の地形に応じて，自然流下方式と圧送方式に分かれており，階層別あるいは「ブロック別配水区域」を形成しています．上記の施設のほか，ポンプなどの関連設備・電気機械もあります．これらの施設は通常，管理センターにおいて集中管理・制御されています．

◆兵庫県南部地震での被害

　水道システムも大きな被害を受けました．浄水場・配水池では布引貯水池で堤体天端歩廊の手すり部にクラックが生じ，烏原貯水池では堤体端部に縦クラック，石積み崩壊の被害がありました．これらの貯水池は，1905年にできたものです．導水路では千刈貯水池と上ヶ原浄水場を結ぶ15 kmのトンネル形式の導水路コンクリートが剥落しました．7か所ある浄水場のうち，最も被害の大きかった上ヶ原浄水場では緩伸縮ジョイント部の損傷，洗浄水槽の配管部からの漏水の被害があり，配水処理施設では軀体，配管，機械類に多数の被害が発生しました．本山浄水場では洗浄水槽流入管破損，水槽亀裂，原水入水管破損の被害が見られました．送水施設の破損が5か所，配水施設の破損が13か所あり，119か所ある配水池のうち，会下山低層配水池では配水池・接合井戸との接続部が損傷し漏水するとともに，池内伸縮ジョイント部で縦クラックが発生したことが報告

されています．次に，給配水管については配水管の被害は1,757か所に上っています．被害率は0.44か所/kmとなっています．給水管では，道路部分で約1万4,500件，宅地内での被害は7万5,000件の多数となりました．神戸市内で約1,500か所の配水管被害が発生しましたが，必ずしも震度7の震災の帯とは対応していません．そして家屋倒壊の少なかった神戸市西部・北部においても被害が発生しています．また，六甲アイランドではポートアイランドよりも被害が極端に少なくなっていますが，これは新しく建設された六甲アイランドでは最近の耐震管が多用されていたためです．

◆復旧はどのように行われたか

　兵庫県南部地震は渇水期に発生したため，神戸市においては武庫川と淀川からの臨時取水，三田市からの管を接続しての応援給水を行いました．地震発生後約2か月半を経て完全復旧ができました．地震直後に震度7地域においては消火栓の大半が使用不能となったために，消火活動は困難を極め，タンク車の活用のほか防火水槽やプールの水等が利用されました．復旧を遅らせた原因は配水管の水圧が十分に保持できないために漏水箇所の特定に時間を要したこと，被害箇所数が膨大になったことです．また，道路の損壊，交通渋滞により復旧調査・作業が遅れたこと，狭幅員道路では思うように工事車両などが入れないために工事に時間を要したことや道路上に倒壊家屋がある場合は被害状況調査自体ができないことも影響しました．さらに，ほかの事業者の復旧作業により異常のない管路が損傷を受けたことも報告されています．一方，神戸市水道局では地震などの緊急事態に対応するために地震前から，いくつかの対策を講じていました．着目すべきものは無線を利用した情報伝達システム（広域テレメータ・コントロール設備）と配水池における緊急遮断弁です（図35-1）．この無線を利用した遠隔集中監視制御装置により全市に散在する水道施設の各種情報が迅速かつ確実に把握されました．また，大地震時の飲料水確保のために1か所に2池ある配水地のうち1池には緊急遮断弁を設置し，他の1池については水がなくなるまで給水する対策を計21か所の配水池で行っていました．本地震の際には，その内18か所で正常に緊急遮断弁が作動して，計4万2,000トンの飲料水を貯えることができました．

◆地震防災対策

　浄水場，配水池，ポンプ場などのコンクリート造設備については震度法による

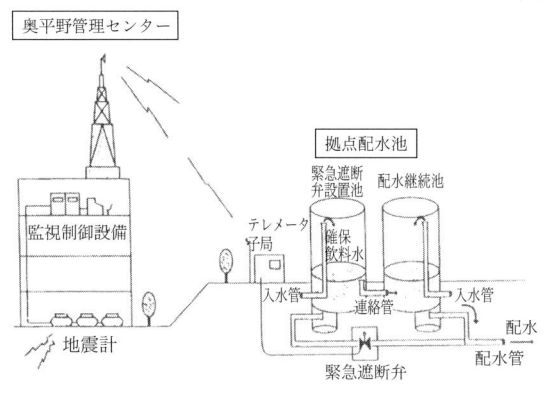

図 35-1 ネットワークの信頼性の向上例：緊急貯留システム
（2池配水システム）

耐震設計が行われ，十分な設計震度（0.2～0.3）を見込むようにされています．送・配水管については石綿セメント管などの弱体管をダクタイル鋳鉄管，溶接鋼管に計画的に敷設替えしたり，可撓性・伸縮性に富む管路を採用する努力がなされています．また，地震に強いポリエチレン管や耐震継手管の採用も行われています．さらに，水道システムは古くから運用されており，経年化した施設も多いことから，それらの耐震診断と補強対策が進められています．

一方，水道システム信頼性を向上させるために，水源の複数系統化や水源・送水系統管の連絡を図ってシステムの冗長性を目指しています．さらに，ブロック別配水システムに対して，ブロック間の連絡管路を設けて相互のバックアップ体制を確保しているところもあります．また，水供給システムのテレメータ・テレコントロール・システムによる集中管理体制の導入によって，日常の監視機能・制御機能のほかに，災害時の情報収集・伝達の手段を確保しています．水供給システムでは電力供給停止の影響が大きいので，ポンプ場での2回線受電，構内配電の2系統化を行うとともに，自家発電設備の整備や無停電電源設備の拡大が図られています．

図 35-2 は震災復旧のシンボル的事業として実施されている神戸市水道局の大容量送水管システムです．現在すでに3分の1程度の工事が完了しています．山麓を通過する送水トンネルシステムとともに海岸際に布設される大容量送水管システムは，冗長性を増すとともに，災害時の生活を守る給水拠点としての役割が期待されています．

〔高田　至郎〕

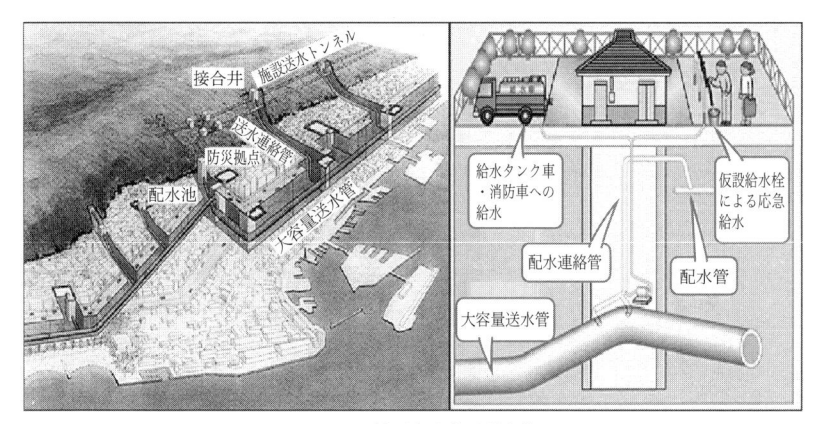

図 35-2 神戸市大容量送水管

36 復旧が困難な都市ガス

◆ガス供給の仕組み

　ガスシステムは製造設備，貯蔵設備，供給設備に大別されます．製造所・工場ホルダーのガスは圧送機，ガスホルダー，ガバナー，導管，ガスメーターを経て各需要家庭へと送られています．

　ガス導管は通常道路下に埋設されており，輸送圧力の違いによって高圧・中圧・低圧導管に区分されます．導管材料は主にダクタイル鋳鉄管と鋼管が用いられています．ガバナーはガスが通過する配管の途中に挿入されて，ガスの減圧・整圧を行うための自力式圧力調整弁のことをいいます．また，ガスホルダーは一時的にガスを貯蔵する設備で，有水式，無水式，球形の3種類があります．前2者は低圧ガス用の貯蔵設備ですが，球形ホルダーは通常，中圧に相当するガスが蓄えられています．また，上記システムを制御するために指令所が設けられ，製造計画・送出量予測などを行って，安定したガス供給を行うための重要な役割を果たしています．同時に，日常のガス輸送状況を一括集中管理するとともに，災害発生時には，情報の収集・伝達の役割を担いバックアップ体制の制御をします．

◆兵庫県南部地震による被害

　泉北と姫路の両製造施設および供給エリア内の球形ホルダーなどの貯蔵施設に被害は発生しませんでした．また，高圧幹線についても被害はありませんでした．次にガス圧力の高い中圧A，B導管とも被害は比較的軽微でしたが，幹線導管の地震被災は日本では初めての事故でした．被害は供給停止区域内で95か所，区域外で11か所，バルブ部のドレッサー継手，フランジ緩み漏れなどが発生しました．中圧導管の被害は，既存活断層線の周辺の複雑な地形や液状化発生地域で目立っています．中圧導管での漏洩箇所は非裏波溶接部での亀裂発生によるものでした．これらの鋼管溶接部の被害（14か所）はいずれも，河川・水路・池の近傍，微地形境界・活断層の近傍などで発生しており，地盤条件も被災の原因となっています．なお，神戸高速鉄道駅舎部の陥没，第二神明道路盛り土の崩壊，六甲大橋での新交通の落橋に伴う被害も発生しましたが，ガス漏洩はなく，仮配管あるいは事前の2系統化などにより全体の復旧を遅らせる原因とはなりませんでした．次に，低圧導管については，被害は地震に弱いネジ継手および

印籠継手の部分での破損がほとんどでした．大阪ガスでもすでにネジ継手・印籠継手の敷設替えに着手していましたが，約30％が残っており，それらが被災したものです．このネジ継手は，現行のガス導管耐震設計指針を満足する耐震メカニカル継手と比べると被害率が1桁以上大きくなっています．PE管（プラスティック管）には被害は発生しませんでした．

◆復旧作業 （図36-1）

大阪ガスでは供給区域内に34か所のテレメータ化した地震計を保有しており，各地の地震加速度情報を発生直後に得ています．行政・マスコミからの情報，顧客からの通報，各所属からの情報が無線を通じて収集され，導管被害の実状が把握され始め，時間の経過とともにガス漏れ通報が殺到し，十分な個別対応が困難と判断されたこと，付近で火災が発生していることなど，二次災害の恐れも少なくないとの判断から地震発生6時間後の午前11時半から当日の夕方までに神戸市，西宮市など被害の大きかった5個のミドルブロックにおいて供給遮断が行われ，このため約86万戸が供給停止となりました．その後，1月21日から供給再開作業が始められました．基本的には，漏洩状況，地震被害（建物，道路など）状況，交通状況，資機材調達状況などから判断して比較的被害の少ない地域から復旧作業が進められました．ただし，病院など公共性の高い施設には優先的に応急復旧しています．耐震性向上の対策として，原型復旧にとどまらず，導管施設ではPE管，耐震継手などを採用しました．

図 36-1　難航するガスの復旧

図 36-2　ガス供給ブロック化

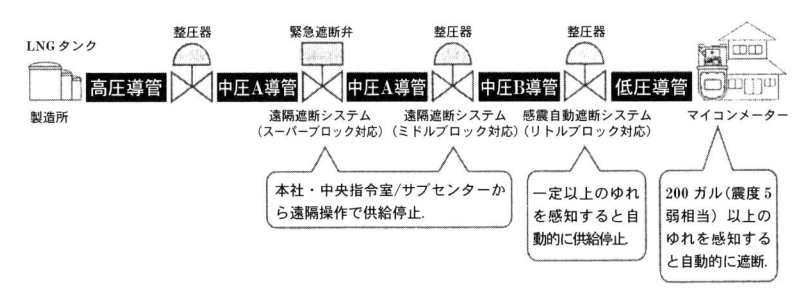

図 36-3　システムのコントロール（例：供給遮断システム）

　復旧のペースは釧路沖地震の際の釧路ガスの復旧速度，大都市型地震ということを考えれば，決して遅くはなかったのですが，復旧の長引く原因として，①一度供給停止してしまうと回復に時間を要するというガス供給システムの性格，②水や土砂が低圧導管へ流入し，除去に手間がかかること，③家屋損壊などによる地表の障害物や悪化している交通事情が復旧作業の能率を低下させていることなどの事項が課題となりました．

◆ガスの地震対策
　製造設備，ガスホルダーについては詳細な解析法による耐震設計がなされ，耐震点検マニュアルによって整備が行われています．さらに，ガスホルダーには，「緊急遮断弁」，消防消火設備，保安電力設備が設けられて災害時対策がとられています．ガバナー施設では並列設置（中圧 A ガバナー）として，冗長性を確保するとともに，ガバナー分担区域についても相互補完のできるシステムとなっています．導管については，地震に強い管材料・継手の選択が目指されています．すなわち，中圧鋼管・低圧ダクタイル鋳鉄管・ポリエチレン管の導入や耐震継手の開発などです．古くからある印籠ねずみ鋳鉄管などは計画的に取り替えが行われている現状にあります．また，建物・橋台背面などの不同沈下が予想される場所では，沈下対策管路が開発されています．
　上記の設備面での対策とともに，システムの信頼性の確保にも注意が払われています．導管の「ループ化」によるバックアップ体制や通信設備（保安用無線通信回線・一斉指令電話回線・災害応急復旧無線回線など）の充実や，供給区域に地震計を設置して災害情報の迅速な収集を目指しています．　　　〔高田　至郎〕

37 トイレの確保とガレキ処理が大きな課題

◆都市「静脈」への影響

　災害は下水道，ゴミ処理といった都市の「静脈」機能にも大きな打撃を与えます．下水道については下水道そのものが使えなくなることよりもむしろ，水の供給が跡絶えたために各家庭のトイレが使えないことが問題となりました．阪神・淡路大震災で大きな被害を受けた神戸市の下水道普及率は全人口比の約97%に達し，特に被災市街地では汲み取り式のトイレはほとんど存在しなかったため，震災時，トイレの確保が深刻な問題となりました．ゴミ処理については，職員の被災，道路の寸断・渋滞によりゴミ収集作業が滞るという問題も発生しましたが，最も大きな問題となるのは倒壊家屋等のガレキ処理でした．阪神・淡路大震災では建物の倒壊等により約2,000万トン（兵庫県の一般廃棄物の約8年分）という膨大な量のガレキが発生しました．建物の解体を「ミンチ解体」と呼ばれるコンクリート，木材，プラスチックを現地で分別せずに解体する方法で行ったため，その分別も大きな課題となりました．

◆トイレと下水道

1) トイレパニック　　トイレの便を流すためには1回あたり約10～20リットルの水が必要で，被災地では水が出ないためにほとんど全てのトイレが利用できなくなります．阪神・淡路大震災のときトイレが使えなくなった人々は，新聞紙の上に用を足しビニール袋に入れてゴミとして出す，庭に穴を掘って用を足す，水を確保できるようになると少量の水で流すためにトイレットペーパーはゴミ袋に捨て便だけを流すなどの方法でトイレの問題に対処しました．トイレの水に飲料水を使うのはもったいないため，川・井戸の水も利用されました．ポリタンクを利用した水汲みは被災地の人にとって大きな仕事となりました．

　阪神・淡路大震災のとき，トイレの問題が最も深刻であったのは最大時で30万人以上の人が集まった避難所でした．避難所のトイレも断水のため利用できず，災害直後はトイレ全体，さらには学校の校庭にまでに汚物があふれるという事態も発生しました．しばらくすると，校庭にポリバケツを埋め込む・排水用マンホールに足場を渡すなどの方式で臨時トイレがつくられ，プールの水が利用可能なところでは水を利用して汚物を流すようになり，最終的には仮設トイレが設

置されるようになりました．仮設トイレは避難所・病院・テント村に優先的に設置され，その後，順次，駅・バスターミナル・商店街へと設置され，ピーク時（2月20日）には546か所（3,041基）設置されました．学校の教職員，トイレボランティアの活躍で避難所におけるトイレ利用のルールも次第に確立されていきましたが，臨時トイレ，仮設トイレ，さらには学校施設のトイレのほとんどは和式であったため高齢者・身体障害者の人々が自由にトイレに行けないという問題は残されました．

仮設トイレにたまったし尿回収も下水道の整備率の高い神戸市では大きな問題となりました．震災時，神戸市の所有するバキュームカーは5台だけであり，民間事業者の応援車両（25台），他自治体（2自治体）からの支援を受けて仮設トイレのし尿の回収が行われました．

2）　**下水処理施設の被害**　　震災では下水道関係の施設も被害を受けます．阪神・淡路大震災のとき，神戸市では8か所中4か所の下水道処理施設で処理機能が低下・停止し，汚水管・雨水管の2％弱が破損しました．特に大きな被害を受けた東灘処理場では魚崎運河を300 mに渡って締め切り，汚水を一時的に溜め，その後，運河の汚泥を浚渫・処理するという方法で下水の処理が行われました．大きな被害を受けた東灘処理場以外の復旧工事は約1年3か月（平成8年度末）で終了しましたが，東灘処理場の復旧には5年を要しました．

◆公費解体と災害ゴミ

1）　**ガレキ処理**　　阪神・淡路大震災では被災した建物を公費により無料で解体撤去することが可能であったため被災地全体で10万棟以上の住宅が解体撤去され（阪神・淡路大震災の全壊棟数10万4,906棟），兵庫県の一般廃棄物の約8年分の量のガレキが発生しました．阪神・淡路大震災以前からガレキ処理に国が補助金を出す制度は存在していましたが建物の解体費用は対象外でした．その後の災害においては再び解体費用については国の補助金の対象外となり，2000年の鳥取県西部地震では県の費用で被災家屋の解体撤去が行われました．都市の復旧を行う上でガレキの処理は不可欠な対策ですが，阪神・淡路大震災では公費による解体が行われたことにより，直せば住める住宅も数多く解体されたという問題も指摘されました．

阪神・淡路大震災の解体現場では建物の解体を迅速に行うため「ミンチ解体」が行われましたが，環境への配慮や埋立地を長持ちさせるために，最終的にガレ

図 37-1 公費解体（写真提供：朝日新聞社）

キの分別が行われました．海面の埋立地に設置された処分地では大きなプールを利用して木質系のゴミとコンクリートガラを分別する，内陸の処分場ではいったん埋めたガレキを再度掘り起こし，木質系のゴミだけを焼却するという作業が行われました．コンクリートガラについては細かく砕いて海面の埋め立てに利用され，良質な木材・金属についてはリサイクルが行われました．被災地からのガレキの撤去は8か月で終了しましたが，全てのがれき処理が終了したのは1998年3月のことでした．

2) 建物以外の災害ゴミ　　災害が発生すると通常時とは異なるさまざまなゴミが大量に発生します．阪神・淡路大震災では，ガレキに加えて，地震により壊れてしまった家財道具・陶器類（大型ゴミ），ライフラインの停止により通常の食事を作ることができないために発生する弁当ガラ，カップラーメンの容器，飲み水用のペットボトルといったようなさまざまな災害ゴミが発生しました．大型ゴミについては災害後1か月経過した2月にピークを迎え，前年同月の5倍という大量のゴミが発生しました．その後1年間程度は，前年比の1〜2倍程度の量の大型ゴミが出され，その後，平常化しましたが仮設住宅から復興公営住宅への移行時期に再度，通常時の1.5倍近い大型ゴミが発生しました．

阪神・淡路大震災ではゴミ処理施設自体にはそれほど大きな被害は発生しませんでしたが大量のゴミが発生したこと，道路の寸断・渋滞によりゴミの収集作業がスムーズに行えないため，市内12か所にゴミの仮置き場を設置し，災害ゴミの収集処理が行われました．

〔牧　紀男〕

38 災害時，どのようにして都市機能は維持されるのか

◆代替機能の提供と復旧

　都市機能は建築・土木構造物に代表される都市のストックと，物流・金融システムといったフローの両方が健全に機能することにより維持されています．災害が発生すると構造物に対する物理的被害，さらに社会の混乱により都市機能の一時的にストップしてしまいます．災害対応，特に応急対応の目標はこの一時的に機能不全に陥った都市の機能をなんとか使えるようにすることにあります．都市機能を回復させるためには2つの対策が存在します．1つの対策は，代替機能の提供です．給水管の破裂により水が供給できなくなった場合給水車で水を配るというのがこの対策の一例です．英語ではこの応急対応のことをrelief（リリーフ）といいます．この単語には「交代者，代行者」という意味があり，代替機能の提供を意味しています．もう1つの対策は機能の復旧です．給水管の本格復旧に時間が必要な場合は，仮設の給水管を設置して水の供給を仮復旧するような対策も行われます．

◆代替機能の提供

　都市機能を維持させるのに必要なのはライフラインと呼ばれる「ガス」「水」「電気」といった人々の日々の生活に不可欠なものだけではありません．産業活動の場としての都市という観点で見ると「お金の流れ」をいかに維持させるのかも大きな課題です．阪神・淡路大震災の際，日本銀行神戸支店は社会的混乱を回避するため1月17日の午前9時から営業を行い，手形交換等に関する金融システム安定のための特別措置，さらに建物が損壊して営業できなくなった銀行支店に営業窓口を貸与するなどの対策を行いました．また金融機関によっては衛星回線を利用した移動式ATMを臨時に設置し業務の継続を行いました．

　災害後の応急対策として，避難所の提供，弁当の配布・炊き出し，応急給水，仮設トイレの設置，代替バスの運行，船を利用した代替交通路の確保，迂回路の設定，無料電話の開設といったさまざまな応急対応活動が行われますが，これらは全て都市機能の代替機能を提供することにより都市機能を維持するための活動です．

◆ストックの復旧

　代替機能の確保と同時進行で都市機能の復旧のための活動も行われます．ライフラインは通常，電気と電話，水道，ガスの順番で復旧していきます．阪神・淡路大震災の場合，電気は6日後，電話は2週間，ガス・水道は3か月後に復旧しました．鉄道，高速道路の復旧にはもう少し時間がかかります．阪神・淡路大震災で大きな被害を受けた神戸は阪神電鉄，JR，阪急電鉄という3つの路線で大阪との間を結ばれています．しかし，全ての路線が被害を受け，最初に大阪から神戸に電車で乗り換えなしに行けるようになったのは震災発生から75日後（4月1日，JR）のことで，また，全ての路線が開通したのは震災から160日後（阪神電鉄）のことでした．高速道路の復旧にはさらに長い時間を必要とし，阪神高速道路神戸線が復旧したのは震災から1年10か月後の1996年9月30日でした．

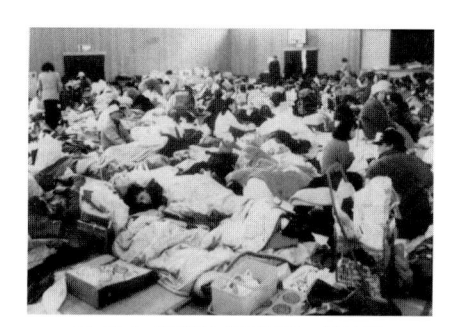

〔牧　紀男〕

図 38-1　避難所（写真提供：神戸市）

39 情報をどう伝えるか？

被災地で必要とされた情報はどのようなものだったのでしょうか．東京大学社会情報研究所の調査（1996年）によれば，被災地域の人々が地震直後に最も知りたかった情報として「余震の見通し」と「安否情報」があります．ここでは，阪神・淡路大震災以降の取り組み例として，情報が提供されている気象庁の「余震発生確率」とNTTの「災害伝言ダイヤル」サービスについて，また現在本運用に向けて検討が進められている気象庁の「緊急地震速報」を紹介します．

◆**余震発生確率**

被災地域の住民が地震発生直後に知りたい情報に「今後の余震の見通し」があります．「今後の余震の見通し」とは，大きな余震がいつ来るのか，どのくらい揺れるのか，余震がいつ収まるのかなどを指します．政府の地震調査研究推進本部は大地震後の余震の評価手法について検討を進め，平成10年（1998年）4月に「余震の確率評価手法について」を取りまとめました．気象庁はこの結果を受けて，平成10年度から余震発生確率の発表を行っています．その内容は，当初は余震の規模を表すマグニチュードと発生確率を示すものでした．その後，防災に寄与するという観点からマグニチュードだけでなく震度を含んだ情報が発表されており，「今後3日以内にM7.0（ところによって震度6弱）以上の余震の発生する確率は○％です」というような形で発表されていました．

平成16年新潟県中越地震では，余震に関する情報について，「余震発生確率の数値を示されてもどう行動してよいかわからない」や「余震の発生する地域に関する情報が必要」との批判が相次ぎました．そこで，現在では余震発生確率の数値をそのまま記述するのではなく，余震発生確率の数値，余震の発生状況，過去の事例を総合的に勘案した，情報の受け手側がどう行動したらよいかがわかるような定性的な表現を用いて記述されるように変更されています．

◆**安否情報**

地震など大災害発生時は，安否確認，見舞い，問い合わせなどの電話が爆発的に増加し，電話がつながりにくい状況（電話輻輳）が1〜数日間続きます．これは災害時優先電話ではない一般の電話は，発信の際に通信規制を受けるためで

す．そこで，輻輳時の安否情報伝達手段として開発されたのが，NTT の「災害用伝言ダイヤル（171）」サービスです．災害用伝言ダイヤルは，被災地内の電話番号をキーとして，安否などの情報を音声により伝達するボイスメールです．被災者が自分・家族などの安否情報などを録音し，被災者の家族・親戚・知人などはその内容を再生して安否などの確認をすることができます．

災害時は被災地内と全国から被災地への電話回線は混雑しますが，被災地から全国への発信回線，被災地外と全国間の電話回線は比較的余裕があるため，安否情報等の伝言を比較的余裕のある被災地外へ分散させることにより，伝言のやりとりにおける輻輳を避けることができます．2004 年新潟県中越地震で利用された災害用伝言ダイヤルは，録音件数約 11 万 2,700 件，再生件数約 21 万 1,900 件の利用がありました．現在では，固定電話だけでなく，携帯電話の主要キャリアも携帯電話のネット上で同様のサービスを展開しています．

◆緊急地震速報

震源に近い観測点で得られた地震波を使って，震源や地震の規模，各地の震度や到達時間を推定し，大きな揺れが到達する前に知らせてくれる，緊急地震速報と呼ばれる情報提供サービスが実用化に向けて検討が進められています．心の備えだけでなく，災害を軽減するためのさまざまな対応をとることができると大きな期待が寄せられています．地震の揺れは，最初ガタガタとした縦揺れに始まって，その後ユッサユッサと大きな横揺れに変わります．この縦波は P 波，横波は S 波と呼ばれ，その速度は，P 波は毎秒 6～7 km，S 波は 3～4 km です．この P 波と S 波の伝播速度の差を利用して，P 波から震源の位置や地震の規模を予測し，各地の震度や S 波の到達時間を知らせるのが緊急地震速報です．防災に利用できる時間は，数秒～数十秒程度と短い時間でありますが，列車やエレベータなどの自動制御，病院，学校，危険作業者の安全の確保や避難，住民の危険回避行動への支援などが実用化に向けて検討されています．平成 17 年（2005 年）8 月 16 日に発生した宮城県沖地震（M 7.2）では，緊急地震速報を受信している仙台市の小学校に，S 波が到達する約 14 秒前に予想震度などの情報が届くなど，その効果が実証されました．ただし，緊急地震速報は P 波と S 波の時間差を利用することから，震源に近いところほど防災対応に利用できる時間は短くなること，直下型地震で大きな被害を受けることが予想される震源直上の地域には情報が間に合わないことに注意する必要があります．

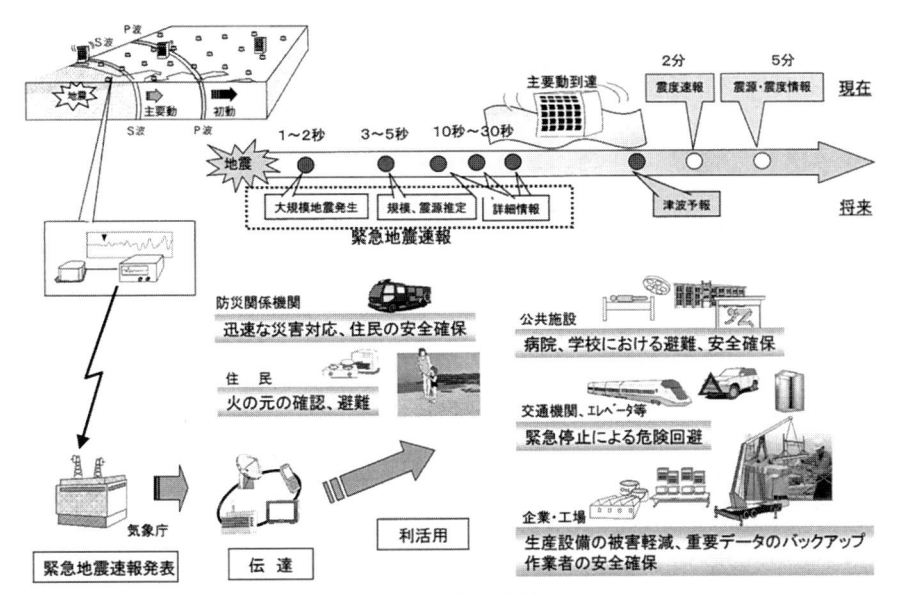

図 39-1　緊急地震速報

◆3・3・3の原則

　地震発生時における行動の原則に3・3・3の原則があります．阪神・淡路大震災後の被災地で誰からともなくいわれるようになりました．地震直後の最初の3分間は，自分や家族の身の安全を確保します．次の3時間は，地域みんなで応急活動を行い，安全な場所へ避難します．そして3日間は，地域でお互いに助け合いながら外部からの救援を待ちます．地震はいつ起こるかわかりません．1日の生活の中で，今地震が起こったらどう行動するか考えたことがありますか？　いざというときに慌てることなく適切な対応をとることができるよう，日頃から地震が起こったときの行動をシミュレーションしておくことが大切です．

　ここでは，情報伝達方法の観点から，地震の被災者がどんな情報が必要だったのか，そのためにどんな取り組みがなされているのかということを紹介しました．また，3・3・3の原則では，地震直後の行動を考えてもらうことで，どういう情報が必要になり，どのような備えがいるのか，日頃から考えることの必要性を述べました．提供される情報やサービスは高度になっていますが，避難所はどこか，災害時にはどうやって連絡を取り合うのか，どこで落ち合うのか，日頃から家族や職場で話し合って確認しておくことが最も大切です．　〔秦　康範〕

40 直後の生活はどうなるか

◆まずは身の安全確保

　激しい地震の揺れの最中は，自分の命を守ることに専念します．「グラッときたら火を消す」とか，「出口を確保する」などは，震度6以上の揺れではこれをしようにも身動きがとれずうまくできません．まずはテーブルや机の下に隠れたり，頭を守るなどして自分の命を（小さな子どもと一緒の場合はその子の命も）守る必要があります．揺れが収まったら，余震に気をつけながら，火の確認や家族の安全を確認します．初期消火は揺れが収まった後で冷静に行うことが重要です．地震の最中でも消火ができる程度の揺れであればいいのですが，本当に激しい揺れの場合は，揺れの最中に消火しようとする動きが大火傷の原因になってしまいます．建物の損傷が激しい場合は，余震に対して危険ですので，建物倒壊などの危険性のない空地などの屋外に待機する必要があります．

◆どこへ避難すればいいのか？

　幸いにして命に別状がなく身動きができる状況であれば，自分の家や自分が被災した地域周辺の「一時避難場所（一時集合所）」に行き，情報交換を行います．通常，一時避難場所としては近所の公園や空地，学校などが指定されています．ここで，地域住民どうし，少し時間が経てば行政職員から，災害に関しての情報を入手します．家族にけが人が出たり，生き埋め状態の場合は，その救出には周辺住民の協力が不可欠ですが，この協力依頼にも一時避難場所は活用されます．

　被災した地域が火災の延焼などの危険性が高い場合には，「一時避難場所」から「広域避難場所」へ移動します．本来広域避難場所は10 ha以上の面積をもち，延焼火災に対しても安全な空地が対象になりますが，条件に合う空地がない場合には，自治体によってはもう少し小さな空地を広域避難場所として指定している場合もあります．東京など，人口の割合に対して，大規模な空地が少ない地域では，広域避難場所までの距離が非常に遠かったり（条件の悪い地域で直線距離で6 km以上），避難経路の安全性の確保が困難であったり，1つの広域避難場所に50万人以上の避難者が計画されている場合もあります．また避難場所内で利用できるスペースと計画避難人口から求められる1人当たりの有効面積が1 m^2 未満の広域避難場所も少なくありません．

避難場所及び避難道路概略図
（平成14年度改定）

凡　例
- 避難場所
- 137　避難場所番号
- 避難地区割当
- 避難道路
- 区　界

1：150,000

図 40-1　東京都の広域避難場所

東京23区内には，図のように175か所（番号は1〜185，ただしその内の10か所は廃止）の広域避難場所が指定されています．28の上野公園一帯，64の代々木公園・明治神宮一帯，102の光ヶ丘団地・光が丘公園一帯などは，40万人を優に超える計画避難人口が設定されています．中でも102の光ヶ丘団地・光が丘公園一帯は50万人以上の避難者が，最も遠い場所からは，直線距離で6km以上も離れた地域から避難することになっています．なお，都心部を中心として，あえて遠距離を避難するよりも地域内に残留している方が安全性の高い13地域は，広域避難場所へ避難しない「地域内残留地域」と指定しています．

　震後火災などの危険性が去って，状況がとりあえず落ち着いた時点で，家が被災して使えない場合は，「収容避難所」で生活します．この避難所は体育館など，屋根のある屋内収容施設ですので，天候が悪くても利用することができます．ゆえに，地震直後でも天候が悪く，一時避難場所が利用できない場合や，軽度のけが人や高齢者などは，直接収容避難所に移動させます．収容避難所での生活は，ライフラインの復旧や仮設住宅の建設によって解消されます．これ以降の生活に

H　ライフラインを維持する

関しては「仮設住宅について」をご参照ください．

◆避難場所や避難所を効果的に活用するために

　地震直後は，これらの避難場所を効果的に活用することが重要ですが，そのためには事前に場所を知っておく必要があります．地震直後の家族の集合場所としても活用できるこれらの避難場所や避難所に関しては，自分の家の周辺，そして職場や学校の周辺の双方で，事前に実際に足を運んで場所を確認しておくことが重要です．

〔目黒　公郎〕

避難場所　　　　　　　　　　　　　　　　　　　　　　　　**BREAK**

Q：避難場所には，いろいろな呼び名があるようですが，それぞれの意味とその違いは何でしょうか？

A：地震などの災害が発生した際に，一般市民の皆さんが被災地で利用される避難所には，①一時（いっとき）避難場所，②広域（こういき）避難場所，③収容（しゅうよう）避難所の3つがあります．それぞれの意味や目的は下記の通りです．

①　一時避難場所は，災害が起こったとき，様子を見るためにとりあえず避難する場所です．正しい情報を知ったり，地域の人たちと防災活動をしたりする場所になります．各自主防災組織や町内会などが独自に選定しています．一時集合所と呼んでいる場合もあります（近くの公園や空地，小学校など）．

②　広域避難場所は，大規模な地震の後などに，火事が広い範囲で起こり延焼するような状況になったときに，熱や煙，有毒ガスなどから生命を守るために避難する場所です．本来は 10 ha（10万 m^2）以上の面積をもつ空地を指定しますが，条件に合う空地がない場合には，自治体によってはもう少し小さな空地を広域避難場所として指定している場合もあります．

③　収容避難所は，災害がとりあえず落ち着いた後，家を失った市民や他の地域から偶然来ていて，行く場所がなくなってしまった人が，臨時短期期間に生活する場所です．体育館などの施設が利用されることが一般的です．

41 兵庫県南部地震の直後の避難所生活

◆予想を大幅に上回った避難と避難所

　兵庫県南部地震の際には，避難者が予想を大幅に上回って発生したため，指定避難所以外の施設や公園等も避難所となりました．家屋の倒壊や焼失，余震に対する不安，ライフラインの途絶等により，地震の翌日以降も避難者は増加し続け，兵庫県における避難者数のピークは1月23日の31万6,700人，避難所数1,152か所となりました．大阪府においても1月18日のピーク時には約3,700人が82か所の避難所で生活する状況でした．多くの避難者が殺到したため，1人当たりのスペースは狭くなり1畳に満たない場合もあるなど，当初は横になることもできない状況でした．避難所になった学校では体育館や教室はもとより，廊下や階段の踊り場なども避難者でいっぱいとなった例もありました．また避難施設としての目的以外にも，救護所，遺体安置室，対策本部など，さまざまな用途に利用された学校施設もありました．さらに避難者が指定された場所以外のさまざまな場所に入り込み，対応活動の妨げになることもありました．

　本来の指定避難所ではない防災関係機関の施設へ避難者が殺到したケースでは，本来の業務である応急活動が避難民のために妨げられたところも出てしまいました．また災害時に防災活動の拠点となるべき行政の庁舎や学校なども多く被災したため，安全性が確認できないままに避難所として使われた施設もありました．なかには，施設内で火災が発生し類焼を続けたにもかかわらず，1,000人を超える避難者が集まった学校もありました．避難所の開設は，その7割が地震の当日でしたが，被害の大きかった地域では，市・区職員や教職員の到着が間に合わず，避難者が鍵を壊して入り込んだところもあったほどです．

◆混乱した救援物資の配給

　地震直後の各避難所では，避難者数に比べて届いた食料や物資の量が圧倒的に不足し，配給時に混乱が起きることもありました．避難者全員に行き渡らないため，届いた物資の配給を見合わせたり，わずかな食料を小分けして配ったり，弱者を優先にする工夫をした避難所もありました．配給時の混乱は比較的早く解消されましたが，当初混乱を生んだ背景には以下のような理由があります．また避

難所以外では，自ら被災しながらも地震直後から開店したスーパーやコンビニエンスストアが食料や物資の供給に大活躍しました．開店した店舗には，被災者が長蛇の列を作りました．店側では多くの人に物資が行き渡るよう，1人当たりの購入量の制限を実施したところもあります．

　地震当日の昼頃から届き始めた救援物資や食料の受け入れは，被災自治体の市役所や区役所などで行われました．保管場所や人手が不足する中での物資積み降ろしは困難を極め，また十分な保管場所がないために，物資の届いた市役所や区役所の駐車場などには，物資が山積みとなるような状況もありました．また交通網の寸断や渋滞による物資輸送の遅れに対処するため，警察による先導が行われたり，自衛隊や消防のヘリコプターによる食料と物資の輸送が行われました．さらに積み降ろしの手間を省くために物資を輸送してきた車両に職員が同乗し，そのまま避難所へ配送にまわるという方法がとられましたが，その結果，物資到着が主要幹線道路沿いの避難所に偏るような場面もありました．これらを教訓として，当初，市役所・区役所などが行っていた物資（食糧を含む）の配給は，専門の流通業者，食品会社（製パン会社等）へ配送を全て委託することによって，徐々に円滑に行われるようになりました．

　初期の段階では，被災地の自治体（県・各市など）では，被害状況が十分に把握できないまま，想定被災者数を基に緊急物資の調達を開始しました．例えば兵庫県の災害対策本部では，まず被災者17万人を想定して「食料，飲料水，毛布の確保」等を実施することとしましたが，地震当日の夕方には被災者数200万人と推定した物資調達に変更しました．しかし調達先への連絡も電話の輻輳などによりうまくいかず，また地域防災計画に則って協定を結んでいた調達先業者も被災していたために被災地周辺部からの調達が必要となりました．県と市町がそれぞれ被災者ニーズを把握したため，必要物資等に関する情報が錯綜したこともありました．

◆避難所での食料

　直後の食料供給は，県農林水産部が中心となり，学校給食センターや民間給食施設を用いておにぎりなどの炊き出しが行われました．休校措置のため不要となった給食を被災者用に振り替えた自治体もあります．当初の物資調達には，地元大手スーパー，生協などの協力が大きく，例えば神戸市災害対策本部にはコープこうべやダイエーからの連絡要員が自ら各店舗等への物資調達指示を行ってい

す．

　少し時間が経過してくると，避難所に配布されていた弁当による栄養の偏りなどが発生したため，食費単価が変更され，野菜類の追加なども行われました．避難所の炊き出しを支援するために，炊き出しのメニューを作成して配布したり，炊き出し用の食材や調味料を支給したり，食材購入用の購入切符を配布した自治体もありました．3月に入って，災害救助法に基づく食事給与基準単価の特別基準適用がなされ，1人1日850円から1,200円へと変更されました．

　なお被災地内の飲食店や小売店が復旧するにつれて，ボランティアなどによる食料・物資の無償配布がそれらの営業を妨げることが問題だという指摘がなされ，縮小されました．

◆風呂にはいつ入れる？

　兵庫県南部地震後の避難所では，消毒液の配布など衛生対策などが徐々に進められました．食中毒対策のため保冷設備の設置や衛生管理指導，細菌検査なども実施されました．また自衛隊，ガス事業者，メーカーなどの協力の下，仮設のシャワーや風呂の設置，洗濯機の設置も進められ，ボランティアによる仮設風呂の設置もありました．自衛隊による入浴サービスは地震から1週間後の1月24日に開始されました．兵庫県も2月5日には風呂72基，シャワー92基の仮設風呂を設置しました．

〔目黒　公郎〕

42 避難生活者たちを襲ったさまざまな問題

◆被災者の心のケア

　震災直後には，避難者の中に負傷者も多く，その看護を教職員や避難者の中の医療関係者が行ったり，保健所などの依頼を受けて訪問した医師によって応急手当が行われた避難所もあります．また被災地では多くの人が，強い揺れによるショック，家族や財産の喪失，避難所，仮設住宅等への移行等の急激な生活変化に大きなストレスを感じ，精神的，身体的疾患を来し，「こころのケア」が課題となりました．これは，自らが被災しながらも災害救援にあたった人や防災関係者，外部から援助に行ったボランティアの人々に対しても必要でした．家屋や家族の喪失体験をもった人に高い確率で見られたPTSD（心的外傷後ストレス障害）をはじめとする精神的な疾病の予防対策と発生後の治療対策には，この両方を考慮したさまざまな分野の専門家による総合的で長期間にわたる支援が必要とされ，兵庫県は「こころのケアセンター」を設置してこれにあたりました．ここでの相談内容や症状では，不安，対人関係，睡眠障害，抑うつなどが多く，男性ではアルコール関連障害も多かったようです．

　兵庫県教育委員会は，地震後の2月20日から3月24日にかけて精神科医による専門的な対応を行いました．そしてその後には，「災害を受けた子どもたちの心の理解とケア事業」を始め，教師に対しても「メンタルヘルス事業」を実施しています．

◆被災者の孤独死とは

　地震の年の5月以降に仮設住宅独居者の死亡が相次ぎ，「孤独死」として次第に社会問題化しましたが，これらの死亡者の多くは，無職または不安定なパート労働者で，自宅への閉じこもりや対人関係の断絶により，過度のアルコール摂取，不十分な栄養，慢性疾患の放置などの結果が孤独死につながったものです．生活が再建できない被災者は，震災の傷跡が周りから消えていくほど，取り残されたという焦りが増し，不安や恐れを口に出すことすら難しくなり，心の傷が顕在化してくると指摘されています．特に50代と60代の男性は，孤独死のハイリスクグループとされました．

◆エコノミークラス症候群

　長時間にわたって同じ姿勢で座ったままでいると，脚の静脈の血が流れにくくなり，太もも奥の静脈に「血栓（血の塊）」ができることがあります．血栓ができた状態で急に立ち上がって歩き出したりすると，それまで停滞していた太ももの静脈の血液が勢いよく流れ出し血栓を運びます．この血栓が肺にある細い血管をつまらせると，「胸の痛み」や「息苦しさ」などを感じ，最悪の場合は呼吸困難に陥って死亡することもあります．このような症状を「エコノミークラス症候群」と呼びますが，理由は主因となる「長時間の足の運動不足」と「乾燥」が，エコノミー席での長距離フライトで起こりやすいからです．到着間際の機内や到着空港での発症が多いようですが，飛行機で出かけた旅行先や帰宅後の自宅で発症することがあるなど，フライト後2週間程度までは発症の可能性があるそうです．

　実際にはビジネスやファーストクラス，鉄道やバス，自動車での旅でも起きるので，「ロングフライト症候群」や「旅行者血栓症」などと呼ばれることもありますが，医学的には，「深部静脈血栓症」，血栓が肺の血管に詰まった場合は「肺塞栓症」といいます．

　新潟県中越地震の際に，余震を恐れた被災地の人々が自家用車の狭い車内で長時間同じ姿勢で過ごしたために，同様の症状が発生し，地震による被災者の「エコノミークラス症候群」が注目されました．この病気の予防には，長時間同じ姿勢，とくに座った姿勢でいないこと，水分の補給を十分にすることが重要です．そのためには，1～2時間ごとには立って，軽く足の屈伸運動をしたり，歩いたりすること．また水やスポーツドリンク，ジュースなどを補給することです．ただしアルコールやコーヒーは，利尿作用があり血液中の水分を減らすので逆効果です．きつい服装も禁物です．ゆったりした伸縮性のある服装を心がけること．また足を組んで座ることも血行を悪くするので良くありません．血管を収縮させる喫煙もなるべく控えたほうがいいでしょう．

　猛暑や寒冷の被災地で，やむを得ずエンジンをかけたままの自動車で過ごさなくていけないときは，上記のような点に気をつけるとともに，換気の悪い車庫内での駐車は避け，野外でしかも排気ガスが車内に入り込まないように，排気口を風下にすることも重要です．

　ところで中越地震の被災地では，自家用車の車内に避難していた人の確認が遅れたために，一般の避難所では救援物資は足りていても，自家用車の車内に避難していた人々へは物資が届かなかったこともありました．なおエコノミークラス

症候群の問題は被災地で発生した問題として忘れてはいけませんが，その前に，中越地震では建物被害が比較的軽く済んだことで相対的に重要度が高くなった問題と言えます．

◆災害弱者とは？

　災害状況下で，自力での避難が困難であったり，避難所生活などで他からの援助が必要なお年寄りや乳幼児，障害をもっている人，日本語での十分なコミュニケーションができない外国人など，災害時に弱者の立場に立たざるをえない人たちを災害弱者といいます．より具体的には，「疾病等で移動が困難な人」「車いす，補聴器などの補装具を必要とする人」「情報を入手したり，発信したりすることが困難な人」「急激な状況の変化に対応が困難な人」「薬や医療装置が常に必要な人」「精神的に不安定になりやすい人」などです．

　兵庫県南部地震当時の兵庫県には，身体障害者だけでも約16万人，知的障害者が約1万8,000人暮らしていました．兵庫県南部地震で人的被害の特に激しかった神戸市，西宮市，芦屋市，淡路郡に限っても，これらの障害者は7万人を超えていたのです．災害は「弱い者いじめ」ですから，日常的にもハンディを負っている「弱者」により厳しい状況を与えます．兵庫県南部地震では，激震地における死亡率が全体では0.2〜0.3％程度であったのに対して，障害者の死亡率は0.9％と著しく高くなっています．健常者は災害時には日常時以上の配慮を「災害弱者」に対して行うことが必要ですし，地域一丸となって対処することが重要です．

◆健常者＝潜在的災害弱者と考えると

　災害弱者は上でも述べたように多様ですし，ハンディの程度もさまざまです．ゆえに災害対応も相手によって大きく違います．相手の状況に応じた適切な事前・直後・事後対策を講じることが重要です．そのためには，災害後の時間経過に応じて，災害弱者がどのような環境に直面するかをイメージできなくてはなりませんが，これは一般的には容易なことではありません．理由は無意識のうちに自分が健常者であると考えているからではないでしょうか？　私は災害対策を考える上で，「健常者＝潜在的災害弱者」と定義することを推奨しています．英語でいえば，"temporary undisable person"で，意味は「今，たまたま（一時的に）ハンディがないだけの（将来はハンディをもつ）人」ということです．健常

者であっても地震の最中に脚や腕を骨折してしまったら，眼鏡やコンタクトレンズを紛失してしまったら，とたんに「災害弱者」になることを強く意識できる言葉です．こうすることで「災害弱者」の問題が，急に自分に直結する問題であることに気づきます．バリアフリーの問題など，自分には無関係であると思っていた人が，それが近未来の自分の問題であることを認識できるのです．

　ところで，発災直後に1人暮らしの要援護高齢者や障害者等を救出したり避難誘導して人的被害を最小限にくい止めるためには，またそこからの延焼火災などを未然に防ぐには，日頃からこうした災害弱者の所在を正確に把握し，災害弱者所在マップなどを用意しておくことが不可欠です．しかしこのような情報はプライバシーに深く関わるものだけに実態の把握自体が非常に難しい状況です．災害弱者本人とその家族の被害軽減はもちろん，周辺住民の被害軽減にも大きな影響を及ぼす事柄なので，プライバシーに十分配慮しつつも，相互理解と歩み寄りによって，これらの情報が防災に有効に活用できる環境整備に努力することが課題になっています．

◆以上は全て生き残っていたらの話である

　ここでは，地震の後の生活はどうなるかを説明しましたが，これらは全て幸いにして地震の揺れによる建物被害や震後火災で死ぬことなく生き残ったことを前提にしてのものです．食べ物や水，救援物資がいくら不足するといっても，これを原因として亡くなる方はほとんどいません．建物の耐震補強をはじめとした事前対策で，地震の最中に亡くなったり大怪我などをしなくてすむ状況を確保することが最重要であることを忘れてはいけません．　　　　〔目黒　公郎〕

43 仮設住宅について

◆仮設住宅とは？

応急仮設住宅（通称，仮設住宅）は，地震や火山，洪水などの大規模な災害によって住家をなくし，自力では直ちに住宅を得ることが困難な被災者に対して，一時的に提供される仮設の住宅のことです．施設のサイズや付帯設備の内容，供用期間や建設地の制限などが，災害救助法によって細かく定められています（BREAK 参照）．

◆緊急を要する仮設住宅の整備では用地と資材の確保が至難

仮設住宅の建設は，被災者への迅速な対応のために短期間で実施される必要がありますが，大量の仮設住宅が必要となった阪神・淡路大震災の場合では，用地と資材の確保が大問題となりました．既成市街地での用地確保が不可能であったため，埋立地や西北神地域の市開発用地，さらに市外にまで展開せざるをえなくなりました．神戸市では仮設住宅用地の選定にあたる部局のほとんどが，倒壊した市庁舎2号館に入っていたことも，資料の確保などの点で状況を悪くしました．

◆阪神・淡路大震災で建設された仮設住宅の数

阪神・淡路大震災の被災者救援用に建設された仮設住宅数は，図43-1のように最終的には被災地全体では4万8,300棟に上ります．図は発注された住宅数で

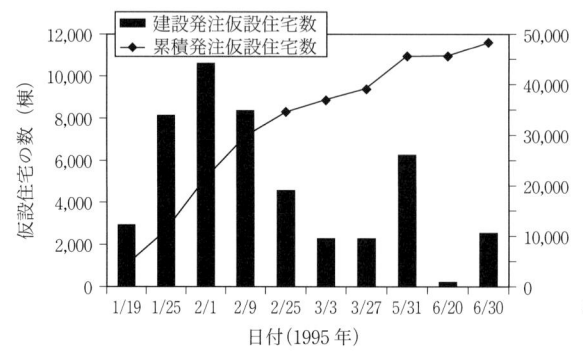

図 43-1 阪神・淡路大震災で用意された仮設住宅の数
棒グラフは建設された仮設住宅数，折れ線グラフは累積戸数を示す．

すが，実際の建設は，応急避難者への対応，用地や資材の確保に手間取ったため大幅に遅れてしまいました．地震の1か月後までは遅々として進まず，2か月後に約3万棟が完成，3か月後に約4万棟が完成しました．そして最終的に全ての仮設住宅が完成したのは地震から7か月後のことです．仮設住宅建設の遅れは避難所の閉鎖時期とリンクし，被災者に異例の長期間の避難所暮らしを強いました．また当初は，標識や街灯などの設備が不足したために，買い物に出た高齢者が道に迷い，亡くなってしまうという事故も発生しています．

大規模な仮設住宅地の形成も阪神・淡路大震災の特徴です．400戸以上の仮設住宅村が16か所，1,000戸以上が2か所できるなど，適正な住環境やコミュニティ形成の問題などが取り上げられました．仮設住宅での生活で精神的に病んでしまった被災者の問題もクローズアップされました（「避難生活者たちを襲ったさまざまな問題」の章を参照）．

半年間で5万棟近い住宅の確保が求められましたが，この時点での仮設住宅のストックは，わが国全体で5,000棟程度であり，国内のプレハブ住宅メーカーの供給能力は1万戸/月でした．そこで海外5か国（米国，カナダ，韓国，オーストラリア，イギリス）から約3,500棟の仮設住宅を輸入しましたが，その実現には多くの輸入規制があり，この調整に貴重な時間とエネルギーを費やしてしまいました．

◆仮設住宅を必要としない環境の実現が問題解決の本質

わが国では，大規模災害で住宅をなくした人々への住宅環境の整備としては仮設住宅の提供が基本ですが，兵庫県南部地震はこの基本姿勢に疑問を投げかけたといえます．仮設住宅は一般に2年間という期限付きの施設ですが，いったん入居すると経済的に弱い人は，職場や生活環境等の問題から自立が困難になってしまいます．また今日，地震災害が問題となっているような都市部（都市化地域）では，大量の仮設住宅の建設用地の確保は至難ですし，不可能な場合も多い状況です．短い期限で取り壊される仮設住宅の建設は，社会基盤施設の整備には基本的に貢献しませんし，逆に撤去にまた金がかかってしまいます．また仮設住宅の建設と瓦礫を中心とするゴミの発生量は相互にリンクします．兵庫県南部地震では「大破」と判定された家の撤去に出た補助金がゴミの量を増大させる一因になりましたし，その処理にまた莫大な予算が注ぎ込まれたのです．

被災家屋も被災程度に応じてさまざまな活用法があります．事前に被災家屋の

補修・補強の仕方や部材の有効利用法を準備し，仮設住宅の代わりとして活用できる仕組みを作っておけば，より積極的には，事前の耐震補強があれば，発生するゴミの量と必要となる仮設住宅の数は大幅に軽減できたことは明らかです．仮設住宅の整備に対する活動を否定するものではありませんが，今本当に重要なのは住環境が整った大量の仮設住宅の建設を可能とする準備よりは，災害後にそのような仮設住宅を必要としない環境を整備することと認識すべきです．すなわち事前の既存不適格構造物の耐震補強を推進する仕組み作りです．〔目黒　公郎〕

図 43-1　仮設住宅

阪神・淡路大震災で建設された仮設住宅の種類　BREAK

　神戸市では早期に大量の住宅を供給する必要から，当初は，6畳・4畳半・バストイレ・キッチンの「2K平屋」（約26 m²，8坪）の1タイプのみが建設されることになりました．その後，避難所生活が困難な高齢者・障害者向けに早期に対応するため，福祉対応の2階建てバストイレ・キッチン共用タイプの「地域型仮設住宅」が認められました．このほか，追加建設に当たっては，用地不足および被災者の多様なニーズに対応するために，福祉対応のない一般向け2階建て「寮タイプ」，さらに6畳・バストイレ・キッチンの「1K平屋」（約20 m²＝6坪）タイプが新たに認められ，計4タイプが建設されました．また神戸市では，仮設住宅建設に時間がかかることから，民間から寄贈されたコンテナハウスを「簡易避難所」として1月末から設置しましたが，これは厚生省（当時）の基準に合わないとの理由から約3か月で撤去されました．

44 誰が復興の主役か

◆災害復興とは何か

「復旧」とは災害で被害を受けた施設を災害前の状態に戻す，すなわち，ライフラインや交通網を修復し，災害前と同じ機能をもつようにすることを意味します．「復興」は「復旧」とは異なり，災害を契機として被災した街を災害前よりよいものに，すなわち，より安全に・より活力のある街にしようとする考え方です．関東大震災の復興，第二次世界大戦後の戦災復興といった阪神・淡路大震災以前の「復興」では，主として道路幅を拡げる・公園を設置するといった都市計画的な「復興」が主たる対象でしたが，阪神・淡路大震災の復興では都市計画的な復興に加えて，産業の復興，生活の復興という新たな課題が付け加えられ，人々の「生活再建」が最終的な目標として掲げられました．

◆生活再建を目的とする復興事業の構造

阪神・淡路大震災の復興事業は，全ての活動の基礎となる「社会基盤の復旧」を最初に行い，引き続いて「経済の活性化」「中小企業対策」「住宅再建」「都市計画」，そしてこういった対策の成果として最終目的である「生活再建」を達成するという構造をもっています（図44-1）．「社会基盤の復旧」は1年半で完成

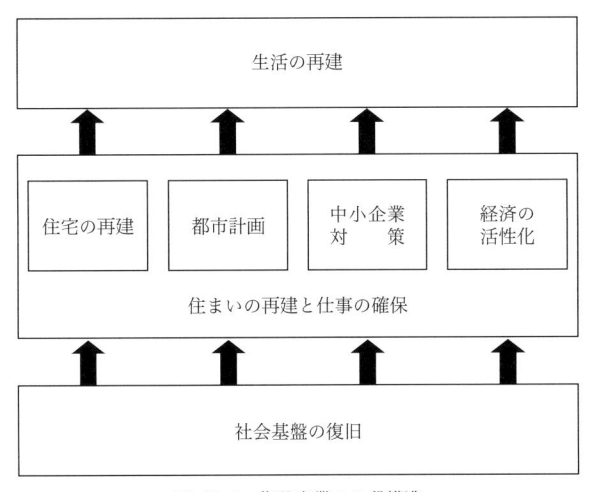

図 44-1 復興事業の3段構造

し，「住宅再建」は5年（震災5年目で全ての応急仮設住宅の入居者が0になりました），「都市計画」（震災10年目で都市計画事業は新長田の再開発事業を除いてほぼ終了しました）はほぼ10年で完成しました．しかしながら，「経済の活性化」「中小企業対策」については日本全体の経済が停滞していたこともあり震災から11年が経過した現在も完了していません．

◆復興の主役は被災者

いうまでもないことですが「生活再建」を最終目標とする「復興」の主役は，災害で被災した人々自身です．阪神・淡路大震災後，防災の分野でよく使われるようになった言葉として「自助」「共助」「公助」という言葉があります．「自助」とは，自分の力で災害に備え，災害に見舞われたら自分の力で乗り切ること，「共助」とは自分のつながり・地域コミュニティで，「公助」とは行政の支援で災害に備え・乗り切ることを意味します．日頃の防災対策，さらには災害後の復旧・復興についても「自助」「共助」が基本であり，「公助」は「自助」「共助」では扱いきれない課題に対する最後の手段です．阪神・淡路大震災後，避難所や仮設住宅での大変な生活がマスメディアでは大々的に取り上げられましたが，実際に避難所や仮設住宅といった「公助」により災害を乗り切った人は1~2割にすぎません．日本の災害復興の基本は「自力復興」です．「公助」の役割は，道路の復旧や，高齢で自分では住宅の再建ができない人の住宅の確保といった「自助」「共助」だけでは復興することが難しいことに限られるのです．

◆被災者が主体となった創造的な復興を進めるために

「復興にはバカモノ，ワカモノ，ヨソモノが必要だ」．これはある阪神・淡路大震災で被災した自治体のトップの一見びっくりするような言葉です．これは創造的な復興を進めるためには，これまでの常識を越えた新しい発想（バカモノ），復興をすすめるエネルギー（ワカモノ），しがらみにとらわれず大胆に新しいことを進める力（ヨソモノ）が必要だということを意味した言葉です．「復興」という大変な仕事を成し遂げるためには，被災者自身が主役となって新しい視点に立った街づくりを行うことが必要です．

〔牧　紀男〕

45 住宅再建

◆災害後のすまいの変遷

　阪神・淡路大震災では全半壊合わせて25万棟という大きな住宅被害が発生し，最大時には30万人以上の人が避難所で生活を送り，約5万戸の応急仮設住宅が建設されました（図45-1）．マスコミでは避難所や応急仮設住宅での生活の大変さが大きく取り上げられましたが，実はこういった公的支援（公助）により一時的な住まいを確保した人は実はそれほど多くありません．震災当日，被災地の人は避難所で眠れない夜を過ごしたと思われがちですが，兵庫県が2001年に実施した調査によると，自宅にいた人が63.2%で一番多く，避難所は2番目で15.6%，以下，親戚の家10.2%，会社の用意した施設2.5%，友人・知人宅2.2%となっています．震災から2〜4日後になると親戚の家（13.9%）や会社の用意してくれた宿泊施設（4.5%）に泊まる人が増える一方で，避難所（12.3%）や友人・知人の家（1.7%）に留まる人が減少します．ガスや水道が復旧するようになる2か月後になると76.4%の人が自宅に戻り，避難所は2.6%，友人・知人の家にいる人はいなくなります．あまり知られていないことですが，会社が用意してくれた宿泊施設・住宅がこの時期の住まいの確保に大きな役割を果たしました．

　震災から1年ぐらいが経過すると86.1%の人が自宅に戻るようになり，仮設住宅に住んでいる人は案外少なく1.8%に過ぎません．その一方自分で賃貸住宅を確保した人が3.5%います．被害の程度や所得は仮設住宅に入っている人と同じでも，入居に時間がかかる，家族が多い，職場から遠いなどといった理由で，

図 45-1　仮設住宅

仮設住宅に入らず自分でお金を払って賃貸住宅を確保した人がたくさんいました．

◆仮設住宅

　阪神・淡路大震災後，兵庫県では4万8,300戸の応急仮設住宅が建設され，一番多いときには4万6,000世帯以上の人が仮設住宅で生活を送っていました．仮設住宅は通常は工事現場の事務所として利用される簡易なプレハブの建物で，広さは8坪（6畳+4畳半，キッチン，トイレ，風呂）です．阪神・淡路大震災の応急仮設住宅団地では，避難所の生活に適応できない人を優先的に入居させたために高齢者・障害者ばかりの団地ができる，抽選で入居者を決定したためにコミュニティがばらばらになる，などの問題が発生しました．阪神・淡路大震災以降に発生した鳥取県西部地震，新潟県中越地震で建設された仮設住宅では，災害の規模がそれほど大きくなかったこともありコミュニティ単位での入居が行われました．

◆すまいの復興計画

　恒久的な住宅復興のための計画として阪神・淡路大震災では3年間の間に12万5,000戸の住宅を供給する「ひょうご住宅復興3か年計画」が策定されました．12万5,000戸の住宅供給の内訳は公的機関が供給する住宅が8万500戸，民間が供給する住宅が4万4,500戸というものでした．公的機関が供給する住宅のうち，災害で住宅を失った低所得者向けの住宅である災害復興公営住宅は3万6,500戸が計画され，最終的に約4万2,000戸が建設されました．一方で民間による新規住宅供給が予想を大きく上回り，震災後から3年間で約21万戸の新築住宅の供給がされました．民間による住宅が大量に供給されたこともあり，神戸市東部では震災から1年半で全半壊棟数を超える住宅が供給されましたが，地域格差もあり神戸市の西部では住宅再建が遅れました．

◆災害復興公営住宅

　阪神・淡路大震災の被災者用に建てられた災害復興公営住宅はマンションのような建物で，間取りは1DK～4DKの4種類でした．また，お年寄り向けにはコレクティブ・ハウス（集まって住むという意味）と呼ばれる住宅も建設されました．コレクティブ・ハウスの最大の特徴は，単身のお年寄りの方がお互いに助

け合いながら住めるように，みんなで使うリビング・ダイニングルームがあることです．

　公営住宅の建設は地震の年（1995年）の5月から開始され，2000年の3月末までに全ての住宅が完成しました．こういった，災害復興公営住宅の多くは，被災者の要望に合わせて，被災地内に建設されました．旧市街地内に建設するために，市や県が直接，建物を建設するのではなく，民間が建設した住宅を借り上げて災害復興公営住宅とする方法もとられました．その結果，災害復興公営住宅の居住者の半数以上（53.6％）の人が災害時の居住地から3km以内（徒歩1時間以内）の場所に住むことができました（兵庫県，災害復興公営住宅団地コミュニティー調査，2003年）．

　災害復興公営住宅に入居した人の多くは，災害前，家賃が4万円以下の木造の賃貸住宅に住んでいました．家賃が2万円以下の住宅に住んでいた人も16.9％おられます．こういった人が入居して家賃が払えるように，特別に安い家賃の設定が行われました．

　災害復興公営住宅の家賃は，同じ広さ，立地条件の住宅でも収入により変わります．最も安い場合，毎月の家賃は1DKで6,000円（郊外地），6,600円（市街地）となっています．この非常に安い家賃の設定は当初5年間限定とされていましたが，6年目以降も若干の家賃の増額を行った上で継続されています．

◆復興まちづくり

　大きな被害を受けた地区では道路の拡幅・整備，公園の設置，新しい住宅の建設を行い地区全体をより安全な街として復興するための復興まちづくりが行われます．神戸市では9つの地区で「市街地再開発事業」，「土地区画整理事業」，「住宅地区改良事業」（神戸市では該当なし）といった事業を用いた復興まちづくりが行われました．こういった事業地区ではほとんど全ての住宅は建て直されることになります．「市街地再開発事業」，「住宅地区改良事業」は建物の建設と一体となった復興街づくりが行われる仕組みになっており，再開発ビルの建設（従前の商店・住宅，新しい居住者用の住宅），公営住宅の建設が行われました．「土地区画整理事業」では自力での住宅再建が基本となりますが，公営住宅の建設，共同建替（小さな敷地の所有者が共同でマンション形式の住宅を建設する）という手法を取り入れることにより住宅の供給も行われました．　　　　　　〔牧　紀男〕

46 街の復興計画は誰がどのようにつくるのか

◆復興計画とは何か

　災害対応が一段落するころになると，被害を受けた街に住む人・働く人・生まれ育った人，その街に何らかの関わりをもつ人たち（ステークホルダー）は，街の再建・街の将来の姿についてさまざまなアイディアをもつようになります．その街に関わりをもつ人たちの「こんな街にしたい」というアイディアをまとめ上げ（ビジョン），そのビジョンを実現するための手段を実行可能な形式に整理したのが復興計画です．

◆阪神・淡路大震災の復興計画

　阪神・淡路大震災では大きな被害を受けた地区の復興まちづくりが住民参加型で行われ，大きな評価を受けています．しかしながら，どの地区を対象に行政支援による復興事業を行うのかという大きなレベルでの決定には市民の意見は反映されませんでした．上位段階の各市町村の復興計画，県の復興計画の策定ではアンケート調査や市民からの提言を盛り込む努力は行われましたが，真の意味での計画プロセスへの参加は実現されていません．

　アーンスタインという人が「参加の梯子」という概念を使って参加の度合いを8段階に分類し，住民参加の度合いが高い順に，8 住民主導＞7 部分的な権限委譲＞6 官民の共同作業＞5 形式的な参加機会拡大＞4 形式的な意見聴取＞3 一方的な情報提供＞2 不満をそらす操作＞1 世論操作と定義しています．阪神・淡路大震災の復興計画の策定プロセスの住民参加のレベルは4〜5というところに留まっています．市町村や県のレベルの復興計画を真の意味での住民参加を実現するために街づくりのようなワークショップ形式で策定することは果たして可能なのだろうか，と思うかもしれませんが，2001年米国で発生した同時多発テロで倒壊した世界貿易センタービルの復興計画策定では5,000人の市民が参加するワークショップが開催されました．

◆ステークホルダー参加型の復興計画策定プロセス

　2004年10月23日に発生した新潟県中越地震の復興計画の策定ではいくつかの自治体でワークショップ形式での計画策定が行われています．川口町では各地

区の復興計画の策定がワークショップで行われました．小千谷市では市全体の復興計画の原案が2回の住民ワークショップ，3回の市職員によるワークショップにより作成されています．小千谷市の復興計画は1,690の市民の復興に対する思い・アイディアから作成されたもので，①市民生活の復興，②産業・経済の復興，③社会基盤・都市基盤の復旧・復興，④コミュニティの強化，⑤災害につよい街づくり，⑥復興の進め方，という6つの復興の目標を実現するための施策体系となっています．

　復興計画は計画が実行され，復興の目標が実現されない限り「絵に描いた餅」にすぎません．復興の目標がどれだけ実現されているのかについて，復興がどれだけ進んだのかを計測することができるように数値目標を設定し，定期的にモニターしていく仕組みが重要です．1990年に発生した雲仙普賢岳の噴火災害の長崎県の復興計画「がまだす計画」では，復興状況をモニターしていく仕組みが設けられました．　　　　　　　　　　　　　　　　　　　　　　〔牧　紀男〕

図 46-1　ワークショップ（小千谷市）

47 地震保険

◆日本の地震保険

　地震保険とは通常の火災保険では補償されない地震・噴火・津波を原因とする火災や倒壊を補償する保険です．地震保険単独での加入は認められておらず，必ず火災保険とセットで加入する必要があります．日本の地震保険は1964年に発生した新潟地震を契機として1966（昭和41）年に「地震保険に関する法律」に基づいて創設され，総支払い金額の上限（2005年現在，5兆円）はありますが保険金支払いを政府が担保しています．地震保険の契約金額は，建物・家財ともに火災保険の契約金額の30〜50%に制限され，さらに契約金額の上限が定められています．阪神・淡路大震災が発生した1995年時点での契約金額の上限は建物1,000万円・家財500万円でしたが，限度額が低すぎるという議論があり1995年に限度額が建物5,000万円・家財1,000万円に増額されました．また2003年には，これまで建物の構造種別（木造，それ以外の構造）と所在地だけで決まっていた保険料率が，建築年（1981年以降の建物は10%割引）・「建設住宅性能評価」による耐震等級，により割引を受けられる制度も導入されました．これまで地震保険の支払い金額が最も多かった災害は阪神・淡路大震災で，総額783億円が支払われました．

　地震保険と同様に地震による建物・家財の被害を補償してくれる商品として，JA共済が販売している建物更正共済（建更）があります．建更の場合，地震の場合の補償も自動的にセットされており，阪神・淡路大震災では地震保険より多い1,182億円が支払われました．

◆住宅共済制度

　阪神・淡路大震災で大きな被害を受けた兵庫県は，震災の教訓を踏まえ2005年9月から住宅共済制度を開始しています（図47-1）．共済制度の目的は「貯蓄・地震保険」などの「自助」や，公的支援（「公助」）の限界を埋める，新しい「共助」（住宅所有者間の相互扶助）による住宅再建支援の仕組みを構築することにあります．兵庫県の制度は年額5,000円掛け金を支払うことにより，自然災害により半壊以上の被害を受けた場合，①住宅を再建・購入すると600万円，②補修を行うと50〜200万円，③再建・購入・補修をしない場合には10万円が受

け取れるというものです．

◆頑張った人がむくわれる仕組みの構築

　地震保険，共済制度，さらには個人住宅の再建に対する公的支援の議論の中で必ず出てくるのが「耐震改修を行った丈夫な家に住んでいる人と何の対策も行っていない古い家に住んでいる人の，掛け金・補償の程度が同じなら，耐震改修を行うことのインセンティブがなくなる」，すなわちモラルハザードを引き起こすというものです．特に共済制度，公的支援については，建物が半壊以上の被害を受けなければ何の補償も受けられないのですから，地震のときに命さえ守れれば，地震に弱い家に住みつづけ，地震で半壊したら600万円もらって建て直すのが得だということになってしまいます．こういった議論を踏まえ地震保険については先述のように建物の建築年，耐震等級により保険料率の割引が行われるようになっていますし，また，兵庫県の共済制度についても集まった基金を耐震改修用途の低利融資の資金として利用するということも考えられています．どちらにしても頑張った人がむくわれる制度設計が重要です．　　　　　　　〔牧　紀男〕

図 47-1　兵庫県住宅共済パンフレット

Ⅳ編

防災の最前線

J　安全な都市を造る

K　被害把握のためのテクノロジー開発

48 高層ビルは大丈夫か

　高層建物は，都市のランドマークとして，また建設技術の粋を集めたモニュメントとして，私たちの都市の活力を象徴しています．ただ，あんなに大きくそして高い建物が大きな地震にはたして耐えられるのかちょっと心配です．結論からいえば，高層建物の地震に対する安全性は詳細に検討されています．

　地面の揺れの周期と建物の揺れの周期（固有周期と呼ばれます）には密接な関係があります．図48-1は，地面の揺れ（ある周期をもって幾度も繰り返される揺れを仮定）の加速度に対して，建物に働く加速度（力）が何倍になるかを示したものです．地面の揺れの周期が固有周期と一致すると，建物には大きな力が作用しますが（共振と呼ばれます），固有周期が地面の揺れの周期よりも長くなるほど，建物に作用する加速度はどんどん小さくなります．図48-2は，過去に記録されたいくつかの大地震による揺れの最大値（最大加速度）をいろいろな固有周期に対してとったものです．0.5～1.0秒の固有周期に対して最も大きな揺れを示していますが，これは地震がもたらす地面の大きな揺れの周期が0.5～1.0秒程度であることに対応しています．建物の固有周期 T（秒）は，建物高さを H（m）とすると，おおむね $T=0.02～0.03×H$ で表されます．したがって，高さ150 m（40階程度）の高層建物の固有周期は3～4秒となりますが，図48-2からも明らかなように，この周期は地面の揺れの周期に比べて相当長いので，働く加速度もぐっと小さくなります．これが，大きな地震を受けても壊れない高層ビルが造れる最大の理由で，地震を受けたとき高層建物は柳に風のように振る舞います．

　建物の耐震設計には，建物の規模や用途などに応じていろいろなメニューが準備されています．一般的な建物（中小建物や木造住宅）に対しては，標準的な地震の大きさが想定され，適度な安全率を考慮した比較的簡便なチェックによってその安全性を確認します．一方高層建物に対しては，一流の構造設計者が設計に携わり，またそれを造る（施工と呼びます）過程では厳格な品質管理が励行されます．いつの時代でも，高層建物はその時代が誇る最新建設技術のショーケースとして位置づいているのです．高層建物の設計と施工の代表的な特長は以下の通りです．

　① 建物が建つ場所の地震の活動度や地盤の条件を考えて，その場所に起こり

そうな大きな揺れを特定します．

② 特定した揺れに対して，建物が安全であるかどうかを高度な解析によって確かめます．図48-3はその一例で，弾塑性動的骨組解析と称するコンピュータを使った高度な解析によって建物の揺れを再現して，建物を支える柱や梁に働く力が大きすぎないかどうかをチェックします．

③ ダンパーと称される「揺れを抑える機構」を建物の中に組み込むことが近年とくに増えています．これによって，快適性や機能性の向上が図られています．

最近，長周期地震動という言葉を耳にすることがあります．これは，直下地震とは性質の違う，遠方で発生する巨大地震が引き金となって起こる，長い周期をもった継続時間の長い地震の揺れです．このような揺れに対して，固有周期の長い高層建物は大きく震動する可能性も否定できず，機能障害等にやや心配があります．これらへの対策としてもダンパー等の利用は有効です．　　〔中島　正愛〕

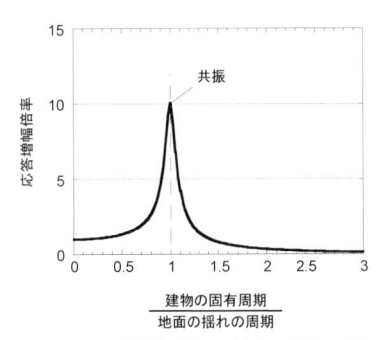

図 48-1　地面の揺れに対する建物の揺れの増幅

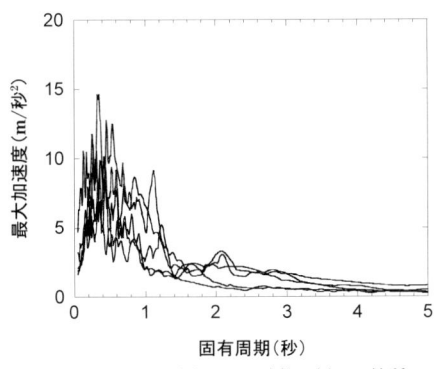

図 48-2　強い地震動による建物の揺れの性質

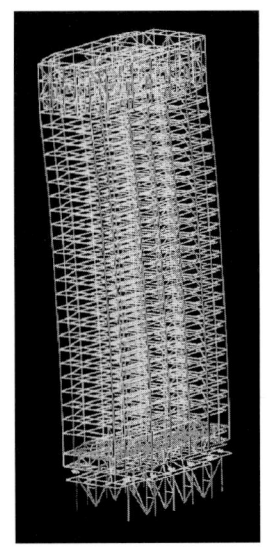

図 48-3　高層建物の揺れを再現する解析例

49 ハイテク耐震補強
―免震

　耐震改修・補強の基本は「強くする」そして「ねばらせる」ですが，もう1つの方法として，「地震によって引き起こされる建物の揺れを減らす」が考えられ，それを実現する代表的な方法が「免震」です．免震は，地面の揺れを建物に伝えないための工夫で，究極の免震とは，図49-1(a)に示すように，建物と地面の縁を切って建物を完全に浮かせるものです．これが実現できれば，地面のいかなる揺れも建物には伝わりません．重い建物を完全に浮かせることは今の技術では非現実的ですが，図49-1(b)に示すように，建物と地面（基礎）との間に，柔らかい装置をはさみこむことによって，それと似た状況をつくることができます．このような装置の代表が，薄いゴムシートと鋼板を交互に幾層にも重ねて作る積層ゴム支承です（図49-1(c)）．ゴムだけですと，横（水平）方向ばかりか縦（鉛直）方向に対しても柔らかくふにゃふにゃになりすぎて具合がよくありません（図49-1(d)）．そこで考案されたのが，鋼板を挿入することによって縦方向への硬さが保証できる積層ゴム支承です．この他にも，滑り板と積層ゴムを直列につないだ弾性滑り支承，湾曲面をもつ皿と球形ベアリングからなる摩擦振り子支承などさまざまな工夫があり，その多くはすでに実用に供されています．

　「高層ビルは大丈夫か」の項で，建物に加わる力は，建物自身がもつ揺れの周期（固有周期と呼びます）に影響され，固有周期が長くなるほど加わる力が小さくなることを説明しました．免震建物もこの性質を利用したもので，例えば，その固有周期が0.5秒程度となる5階建て鉄筋コンクリート建物を免震にすること

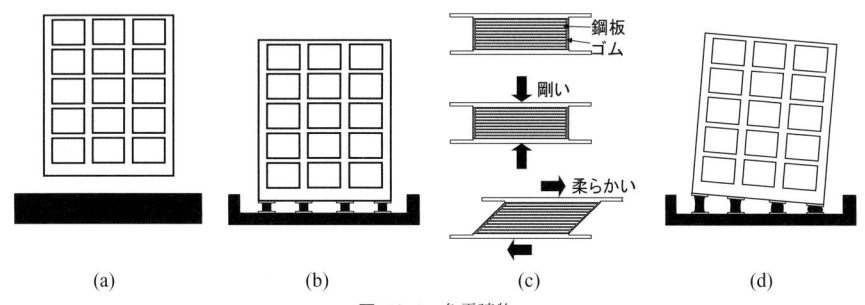

図 49-1　免震建物
(a)究極の免震，(b)積層ゴム支承を用いた免震建物，(c)積層ゴム支承とその性質，(d)縦方向剛さの重要性．

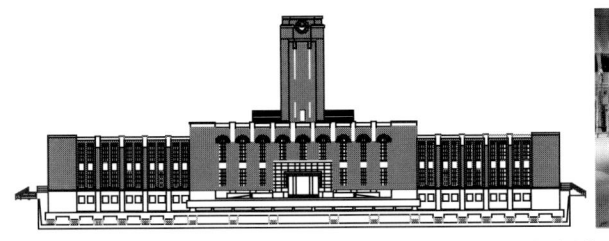

図 49-2 京都大学時計台の免震改修

によって，固有周期を 3〜5 秒程度にまで伸ばすことができます．またこれによって，建物に加わる力は格段に減ります．このおかげで，耐震安全性に問題があって「耐震補強の ABC」で解説するような補強が必要な建物も，もはや補強を必要としなくなります．

普通の補強法を用いた耐震改修に対して免震改修がもつ顕著な特長は，① 建物の外観や内部の造りを全く変えなくてよい，② 改修中も建物を使い続けることができる，の 2 点です．①は，地震に対する安全に問題がある歴史的建造物などの補強に強みを発揮します．なぜならこれら建物に対しては，その文化的価値から，たとえ耐震改修とはいえ建物の姿形を変えることは許されないからです．免震改修では，まず地下部分を掘り起こし，杭などを使って一時的に建物を支え，その間に免震装置を差し込んで，最後に杭を取り外すという手順をとります．全ては地下部分だけの工事ですから，建物自身がもつ価値はいささかとも損なわれません．図 49-2 は，京都大学のシンボルである時計台の免震改修中の図と写真です．

補強するとなると，工事中は建物の使用が制限されますし，建物の中に据え付けられたさまざまな内容物を疎開させる必要も出てきます．建物を使い続けながら耐震改修したい場合にも，建物そのものをいじる必要がない免震が有効です．このように，免震改修は，他の改修法とはひと味違う特長をもって，最近その適用が増えています．　　　　　　　　　　　　　　　　　　　〔中島　正愛〕

50 高架橋や橋梁はなぜ神戸でたくさん壊れたか？

◆想定をはるかに上回る地震力

　兵庫県南部地震により，耐震設計された多くの構造物が壊れた理由は，明白です．構造物を建設した時点で想定していた地震力の数倍から10倍近い力が作用したからです．壊れた高架橋や橋梁のほとんどは，それらの重量の2割を水平に作用させて設計されていました．しかし，地震波形記録の解析から，重量の2倍近い地震力になったものと推定されています．1985年のメキシコ地震，1989年のロマプリータ地震，1994年のノースリッジ地震の経験からも，耐震設計された構造物が壊れた場合には，想定をはるかに上回る地震力の作用したことがわかっています．

◆高架橋の各部はどのように壊れたか？

　高架橋や橋梁は，図50-1に示すように，自動車の通る桁が，橋脚の頂部にある支承で支えられています．橋脚は，地盤が悪いところでは，杭基礎などによって支持されています．地震により水平の振動が起こると，重量の大きい桁部分の地震力を，支承以下の部材で支持しなければなりません．支承や桁と桁との間の連結材が崩れると，桁が大きく移動し，落橋の原因となります．一方，支承や連結材が踏んばると，桁の地震力を橋脚で支えることになります．上部の桁が水平方向に同じように変形したとすると，短くて太い橋脚に地震力が集中することになり，太いほど壊れやすいという，常識とは異なった結果となります．橋脚も踏んばると地震力は基礎に及びますが，神戸では，地震力そのものによる基礎の被害は，比較的少ないものでした．

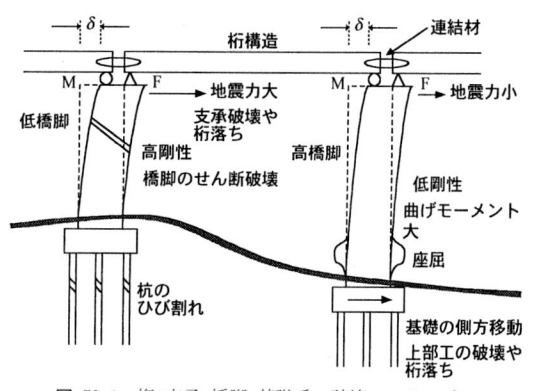

図50-1　桁-支承-橋脚-基礎系の破壊のメカニズム

◆なぜ壊れたものと壊れなかったものが存在するのか？

　耐震設計された構造物に，想定をはるかに上回る地震力が作用したのですから，全ての構造物が壊れて，当然です．しかし，実際には，壊れたものと壊れなかったものが同居しています．その主な理由は，次のように説明できます．

　壊れた高架橋などのほとんどは，1960年頃の古い基準で作られており，そこでは，図50-2に示すように，設計時の地震力（重量の約2割）に対して元に戻ろうとする力のみが確保されていました．兵庫県南部地震時には，この範囲をはるかに上回る地震力が作用したもので，設計時には，全く考えていない大変形の領域に及びました．そ

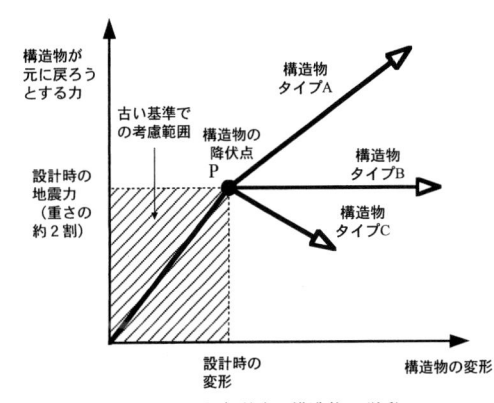

図 50-2　大変形時の構造物の挙動

こでの構造物の挙動は，地震後の結果として，3種に大別されます．構造物タイプAは，大変形に対しても，抵抗力をよく保持し続けたもので，壁などの付属した場合にあたります．構造物タイプBは，大変形して壊れているが崩壊は防ぎえたものです．構造物タイプCは，想定を上回る地震力で，比較的簡単に崩壊したものです．

　すなわち，設計計算時には，全く考えていない大変形領域の挙動は，結果として，色々と異なりました．

　したがって，タイプBの古い構造物は至急に耐震補強する必要があります．

◆鉄筋コンクリート橋脚の壊れ方

　鉄筋コンクリート橋脚の壊れ方は，大別すると，図50-3に示すように，せん断破壊と曲げ破壊とがあります．鉄筋を束ねる横方向の帯筋が不足すると，水平地震力によって (a) のようなせん断破壊となります．この破壊は，もろく簡単に起こるもので，図50-2タイプCの構造に属します．1960年代以降の鉄筋コンクリートの柱や橋脚の崩壊は，主にこのせん断破壊によるものです．帯筋が十分にあると，(b) に示す曲げ反力による破壊モードとなります．これは，鉄筋コンクリート本来の破壊モードで，比較的粘りがあり，図50-2タイプBの構造に

J　安全な都市を造る　**147**

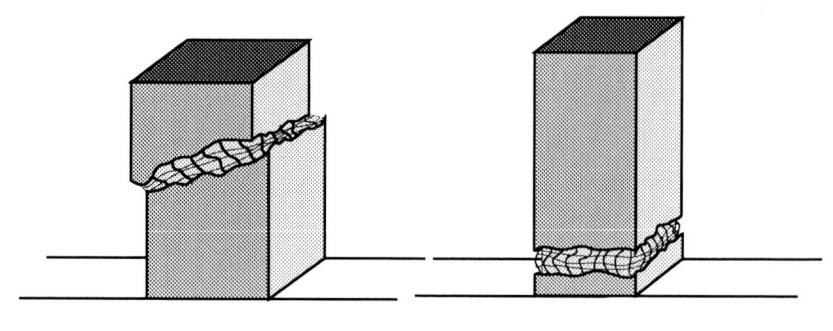

(a) せん断破壊　　　　　　　(b) 曲げ破壊

図 50-3　鉄筋コンクリート橋脚の壊れ方

属します．最近の設計法では，大地震力に対して，この破壊モードを意図的に起こすよう配慮しています．

◆鋼製橋脚の壊れ方

　鋼製橋脚の壊れ方は，大別すると図 50-4 に示すように，座屈破壊，ぜい性破壊，曲げ塑性破壊の 3 つです．橋脚の角の溶接が不十分であったりすると，そこから亀裂が発生し，鋼板がはらみ出したり，へこんだりする座屈破壊が発生します．また，低温下で急激な荷重が作用すると，もろく割れるようなぜい性破壊を示すこともあります．これらはいずれも図 50-2 のタイプ C の構造に属します．一方，曲げ塑性破壊の場合には，鋼材のひずみが塑性域に及んで十分なエネルギー吸収性能を発揮する，粘りのあるタイプ B の破壊性状を示します．

〔家村　浩和〕

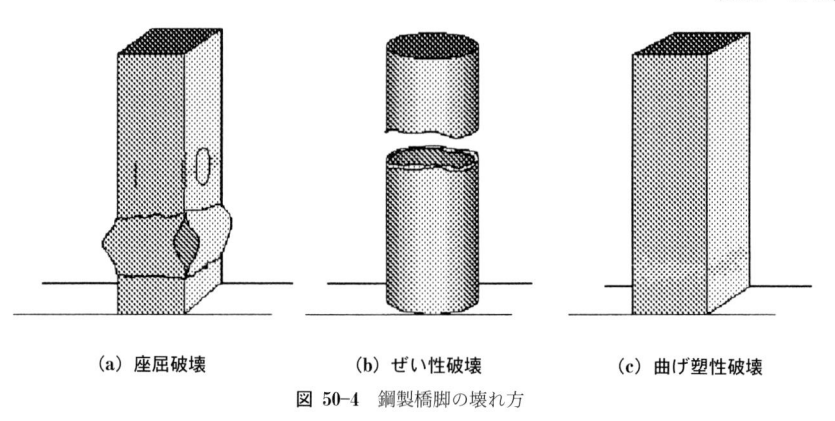

(a) 座屈破壊　　　　(b) ぜい性破壊　　　　(c) 曲げ塑性破壊

図 50-4　鋼製橋脚の壊れ方

51 どのように再建・補強されたのか？

◆部品の壊れ方はそれぞれ

　地震による橋の壊れ方はさまざまです．橋といえども一般の工業製品と違わず，何十もの部品（構造要素）から構成される1つのシステム（構造システム）です．パソコンがパソコン本体，モニター，キーボード，マウス等で構成されているのと同様に，橋は図51-1に示すように，床版，桁，支承，橋脚，基礎等の構造要素で構成されています．地震によって地面が振動することによって，橋全体が振動し，これらの構造要素がそれぞれ異なった壊れ方をします．

　床版は歩行者や車，列車等が走行する箇所で，この床版を桁が支えており，水平方向には床版と桁は連続的につながっています．床版と桁は，通常，橋を目にしたときに空間的に上に位置するので，上部構造と呼びます．橋脚は文字通り橋の脚で，重さの重い上部構造を支える柱となるものです．支承は上部構造に作用する荷重を橋脚にきれいに伝達するための構造要素です．基礎は，橋脚のさらに下に位置する構造要素で，地盤の中に埋まっており，地盤と一体となって上部構

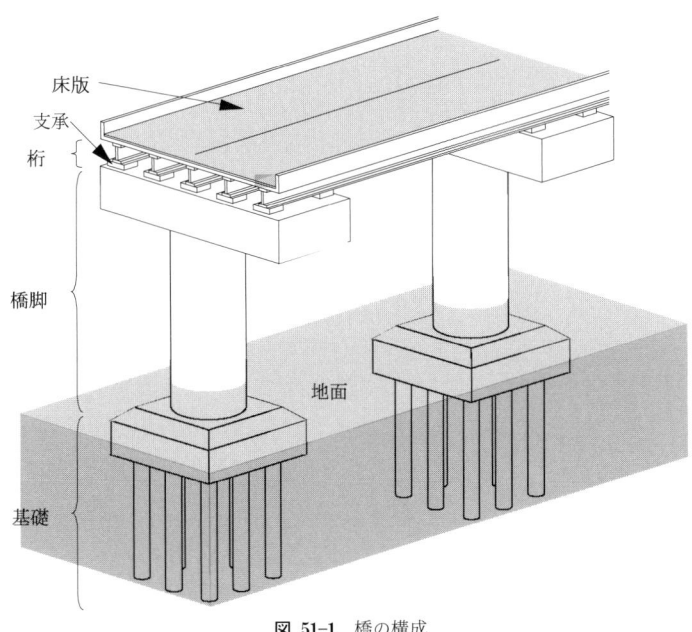

図 51-1　橋の構成

J　安全な都市を造る

造と橋脚に作用する荷重を地盤に伝えます．床版と桁の上部構造と対照的に，橋脚と基礎は空間的に橋の下に位置するので下部構造と呼びます．このように，橋は床版，桁，支承，橋脚，基礎が高さ方向に順番に並んでつながった1つの直列の構造システムと考えることができます．

　一般の方は，車や列車が走行する床版（さらに，その上の舗装）が壊れてしまうと，車の転倒や列車の脱線等の人命に関わる事態に直結するので，橋の耐震補強にあたっては床版（あるいは舗装）の補強が大切であると考えるかもしれません．このような考え方には一理あり，大切な考え方です．しかし，一方で，前述した橋の構造的な特徴を踏まえると，床版を支えている桁が壊れてしまえば床版も壊れてしまうので，橋としては桁の破壊が最も致命的であるといえます．

　桁の破壊と一概にいっても破壊の程度やメカニズムは多種多様です．桁は水平方向に数十mにも及ぶ長い部材です．これがポッキリと座屈（ざくつ）してしまうと床版を支えることができなくなりますので，桁の座屈は重度の損傷と位置づけられ，「桁の破壊」の被害レベルになります．また，上部構造を支えている下部構造が破壊してしまうと，上部構造全体が地面や川の中等に落ちてしまいます．これには本来，複雑なメカニズムをはらんでおり，学問的には非常に興味深い点であるのですが，直観的には，橋脚が振動して壊れてしまえば，橋脚が支えている上部構造もそのまま落下してしまうと考えていただけたらよいかと思います．このような桁の落下は当然ですが，「桁の破壊」の被害レベルになります．桁の座屈や落下等の桁の破壊に直結する現象はいずれも下部構造の破壊が起点になっています．桁を支える橋脚が大きく振動し，橋脚の損傷が大きくなる結果，桁は座屈するからです．また，橋脚が大きく振動した結果，桁と橋脚の間に設置されている支承が壊れ，桁が橋脚から落下してしまいます．すなわち，地震による桁の破壊を防止するためには，なによりも橋脚を補強することが大切になります．

　実際，阪神・淡路大震災では橋の橋脚に甚大な被害が発生しました．これらの中には，桁の落下につながったものがあり，そのために人命が失われるケースもありました．桁の落下につながらなくとも，桁の損傷につながる重大な損傷が橋脚に多数生じました．もちろん，上部構造と橋脚を支える基礎が壊れれば，橋全体が壊れてしまいますが，阪神・淡路大震災では基礎が完全に破壊する事態は生じませんでした．以上のような力学的なメカニズムと経験を踏まえて，阪神・淡路大震災以降はさまざまな橋に対して橋脚の補強が急ピッチで進められました．

◆橋脚の再建・補強の方法

　橋脚には右図に示すように，鉄筋コンクリート製と鋼製の2つのタイプがあります．

　鉄筋コンクリート製の橋脚を再建したり，新設したりする場合には，橋脚の断面の太さを太くし，コンクリートのボリュームを増やすことと，橋脚の中の鉄筋の量を増やすことの両面から対応します．このようにすれば，橋脚の強度を高めることができるとともに，曲がって変形する能力（変形性能）を高めることができるからです．橋脚を設置する場所の空間的な制約のために，橋脚の太さを太くすることには限界があります．一方，鉄筋1本1本は数mに及ぶ橋脚の太さに比べたら，数十mm程度と細いものですから，結果的には，橋脚の太さをぎりぎりまで太くした上で，鉄筋の量を増やすことによって橋脚の強度と変形性

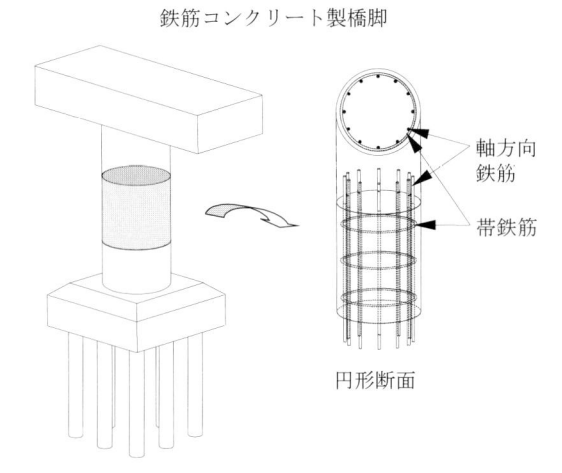

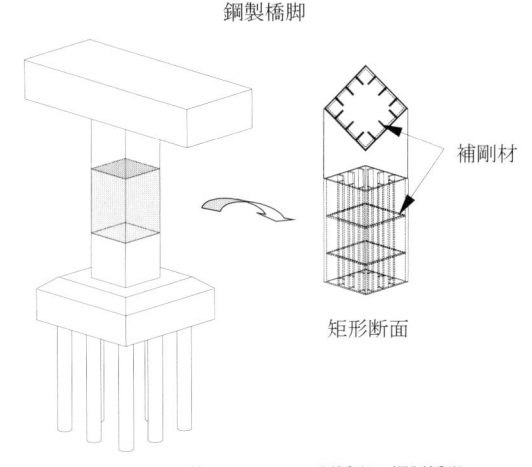

図 51-2　鉄筋コンクリート製橋脚と鋼製橋脚

能を高めます．鉄筋には，橋脚の高さ方向，すなわち，柱の軸方向に配置する軸方向鉄筋と，軸方向鉄筋を包むように配置する帯鉄筋があります．軸方向の鉄筋量を増やすと，橋脚が水平方向に振動して曲がってしまっても，これに耐える要素が増えることになりますので，橋脚の強度を高めることができます．帯鉄筋を増やすと，これらの鉄筋よりも内側のコア・コンクリートの破壊を防ぐことがで

きますので，橋脚の変形性能を高めることができます．軸方向の鉄筋量を増やすためには，軸方向鉄筋の本数を増やすか，1本1本の鉄筋の太さを太くするかの方法をとります．帯鉄筋を増やすためには橋脚の高さ方向の帯鉄筋の配置間隔を20 cm 間隔から 10 cm 間隔へと短くするなどして，橋脚の単位体積当たりの帯鉄筋の量を増やします．

　一方，既存の鉄筋コンクリート製の橋脚については，新しく作り直すことが事実上，経済的に困難ですので，コンクリートや鋼板で橋脚を包み込むことをします．これらの方法はコンクリート巻き立て工法，鋼板(こうはん)巻き立て工法等と呼ばれます．コンクリート巻き立て工法はコンクリートのボリュームを増やすことで橋脚の強度を高める方法です．鋼板巻き立て工法は，軸方向鉄筋と帯鉄筋を両方ともに増やす場合に対応しており，橋脚の強度と変形性能がともに高くなります．首都高速道路等の高速道路や新幹線等の鉄道橋においては鋼板巻き立て工法が主に採用されています．これは，コンクリート巻き立て工法ですと，コンクリートのボリュームを稼がなければならないために空間的な制約を受けやすいからです．

　以上のように，鉄筋コンクリート製の橋脚については，再建を含めて新規の橋脚と既存の橋脚では補強方法が異なっていましたが，鋼製の橋脚に関しては新規，既存の差はそれほど影響を受けず，基本的には補剛材(ほごうざい)を増やすことによって橋脚の強度と変形性能を高めます．鋼製の橋脚は外から見れば，円形なり，矩形なりの形を有していますが，中身は空洞になっていて鋼板の厚さの分だけで断面の形状を形作っています．円形であれば，筒のような状態になっているわけです．しかし，筒のままですと，振動すると折れやすい，すなわち，座屈しやすいということになります．したがって，橋脚の形状を形作っている鋼板の剛性を高める（補う）ために，鋼板の縦横方向に補剛材を溶接します．

　また，鋼製の橋脚の内部に改めてコンクリートを充塡して補強する方法もあります．この方法によれば，補剛材の溶接に比べて経済的に割安であるにもかかわらず，橋脚の強度や変形性能を補剛材の溶接と同等のレベルにまで高めることができます．したがって，既存の橋脚の中でも比較的耐震性が高い鋼製の橋脚についてはこの方法が採用されることが多くなっています．一方，耐震性のきわめて低い橋脚については補剛材の溶接を行うと同時に，さらにコンクリートを充塡して耐震性を高める場合があります．このように鋼製の橋脚については，補剛材の量を増やす方法とコンクリートを充塡する方法を併用して補強が行われます．

〔庄　司　　学〕

52 道路の渋滞はなぜ起こったか，どうすれば防げたか

　1995年1月17日に発生した兵庫県南部地震は，人口密度の高い都市域にマグニチュード7クラスの地震が発生すると，交通施設に甚大な被害が発生し，交通機能の麻痺が長期間にわたり，市民生活のみならず被害の復旧に多大な支障をきたすことを明らかにしました．

　大阪北部から神戸市に至る阪神地域には，図52-1に示すように，都市幹線道路のみならず，西日本と東日本とを結ぶ主要な幹線道路が集中しています．特に，中国自動車道を除くほとんどの幹線道路が六甲山と大阪湾に挟まれた狭い地域を通過しています．兵庫県南部地震では，これらの道路は何らかの被害を受け，特に高架道路橋は，図52-2に示すように，倒壊に至るような甚大な被害にあいました．地震前年の交通調査によれば，震災前の地区間の自動車交通量は，神戸市-阪神臨海間で11万台，阪神臨海-大阪市間で10万台，神戸市-大阪市間で4万台などであり，臨海部地域相互間の流動が大きかったといえます．このうち，阪神高速神戸3号線が約10万台の交通量を分担し，この下を走る国道43号線が8万台，国道43号線と並行する2号線の区間で4万台，阪神高速5号線が

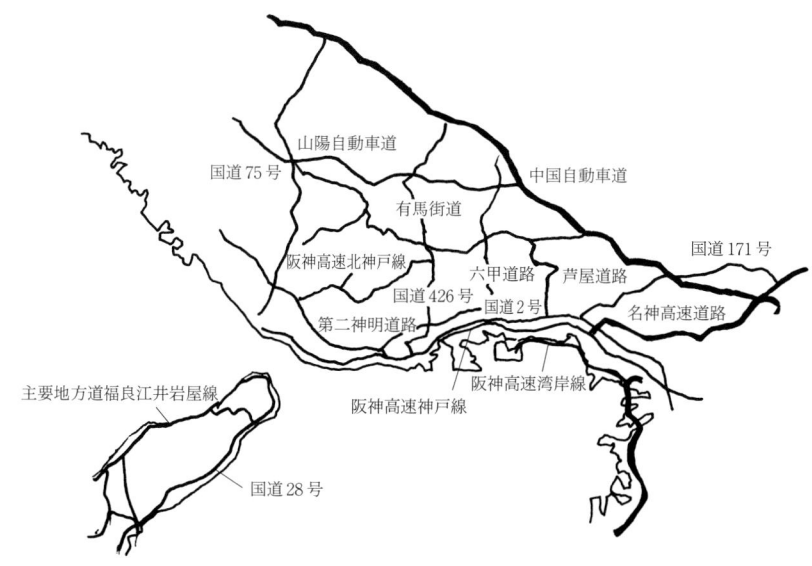

図 52-1　阪神間の道路網

J　安全な都市を造る

3～5万台でした．地震後，阪神高速3号線と5号線の機能は完全に喪失し，43号線の機能も大幅に低下しました．ちなみに，川西市，宝塚市，伊丹市，尼崎市，芦屋市，神戸市における主な幹線道路の高架橋の橋脚で中規模以上の損傷を受けた鋼製橋脚は51橋脚で，全鋼製橋脚355橋脚の14％，コンクリート橋脚は394橋脚で全コンクリート橋脚3,041橋脚の13％でした．

図 52-2 阪神高速道路3号線の深江地区の被害

このような甚大な被害のため，1月21日以降1月末頃まで，主要幹線道路だけでも規制箇所は23～30か所，うち通行止めは20～23か所でした．2月20日頃で規制40か所，うち通行止め26か所となっています．図52-3は橋梁の被災度別に，阪神高速道路の交通規制解除割合を神戸地区と大阪地区に分けて示した

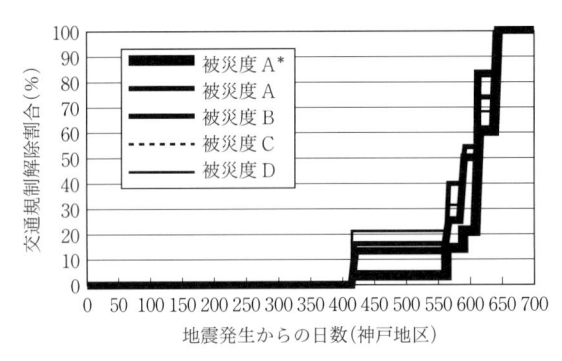

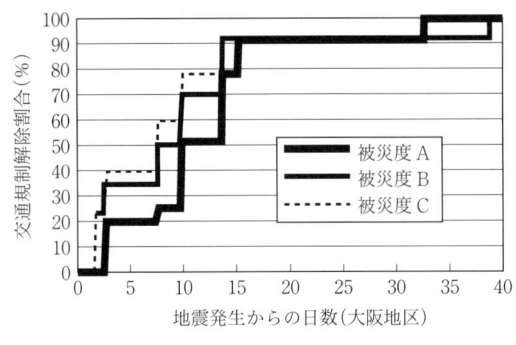

図 52-3 阪神高速道路の交通規制の時間経過

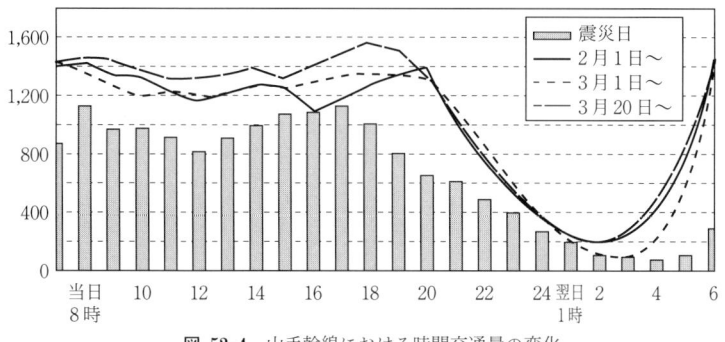

図 52-4　山手幹線における時間交通量の変化

ものです．大阪地区では地震後発生15日目には約97％が解除され，40日目には交通規制が解かれています．しかし，神戸地区では震後400日が経過して初めて一部区間の規制解除が行われ，全線開通には1年8か月を要しました．

地震直後に阪神間を結ぶ機能を保持していた幹線道路は国道2号線と大幅に機能低下した43号線と山手幹線でした．図52-4は交通規制が行われていなかった山手幹線の御影付近における時間交通量の変化を，地震前と後について比較したものです．地震後の交通パターンは地震前とほぼ同じですが，全体の交通量は40～50％増加していることがわかります．また，震災以前には6時頃から始まっていた朝のラッシュが，震災後は4時頃から始まっていること，震災前では17時頃に落ち着き始める夕方のラッシュが20時頃まで続いていることがわかります．

応急復旧で一番問題になったのは，街路の啓開作業です．図52-5に示すような倒壊家屋や電柱等のガレキによって閉鎖された道路上を啓開する作業が終了したのは，平成7年（1995年）7月末でした．倒壊家屋・ガレキの処分については，交通渋滞により，直接処分地へ搬入することが困難であり，作業の効率化を図るために，各建設事務所1～3か所の仮置き場

図 52-5　街路の閉塞例

J　安全な都市を造る

（公園等のグランド）を設け，一時仮置きした上で分別し，最終処分地へ搬出しました．仮置き場からの二次運搬は同年 8 月末に完了しました．街路閉鎖の発生割合と街路の幅員との関連性を調べたのが図 52-6 です．幅員が 4 m 以下の街路では，街路閉鎖の発生割合が非常に高くなることがわかります．幅員が 6 m を超えると急激に街路閉鎖率は減少しますが，幅員 12～18 m の街路でも高層ビルの倒壊によって自動車の通行が困難になる場合もあることを注意しなければなりません．

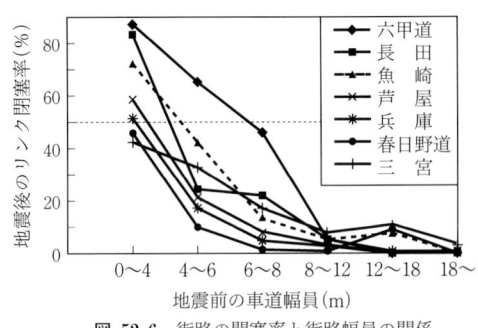

図 52-6 街路の閉塞率と街路幅員の関係

阪神高速道路神戸線の倒壊，同湾岸線の落橋，中国縦貫自動車道の通行止めなどにより東西の主要な幹線道路が寸断され，交通機能が麻痺する結果となりました．しかし，被害が少なかった南北に走る阪神高速道路北神戸線，新神戸トンネル，西神戸有料道路，山麓バイパス，六甲北有料道路等が非常に有効に機能し，交通の集中により渋滞を生じましたが，北側からの物資の輸送に大きな役割を果たしました．このことは，震災などの非常時において，格子状に張り巡らされている幹線道路のもつ代替性の重要性を実証した結果となりました．

それでは信頼性の高い道路網の構築にはどんなことを考えなければならないのでしょうか．このためには，① ネットワークに余裕のある道路システム，② 横断面構成に余裕のある道路の 2 つをつくることが重要です．① の意味するところは，災害時に普段使っている道路が通れなくなっても代替路が利用でき，その交通容量に余裕があり，渋滞が発生しない道路網を構築しておくことです．

② は，ネットワークを構成する各道路区間において，余裕のある横断面構成によって当該道路区間における信頼性の向上を図るものです．交通需要の多い区間は通常でも道路幅員は可能な限り広げて運用されることが多いので，災害後に車線を追加することは困難です．したがって，本当に重要なネットワーク部分は，道路建設時から，災害時あるいは災害後の運用を考慮して道路網計画を立てておくことが重要です．また，図 52-7 に示すように鉄道橋が落下して，下の道路を封鎖するような場合も数多く見られました．交通システムが階層構造をもつ場合には，道路の重要度に応じて道路を跨ぐ構造物の耐震性能を高めておく方策

図 52-7 鉄道橋の被害が道路を閉塞した例

も必要となります．

　地震直後の道路の渋滞は，普段ラッシュ時に経験しているものとは質の異なるものでした．これは，生き残った幹線道路が少なかったことも大きな原因でしたが，道路網に対する災害時の危機管理の重要性が認識されていなかったために，適切な交通規制がなされず，不必要な車両の災害地への流入を許したことも大きな要因でした．そこで，地震の発生直後から復旧過程に至るまでの，道路の規制・運用・情報提供を含む総合的な交通システムの危機管理計画を構築しておくこと，こうした防災対策を平常時のシステムに組み込み，平常時と災害時との連続性を保っておくことの重要性が理解されました．阪神・淡路大震災では交通に限らず，非常時だけに構築されたシステムは災害時にあまり役に立たず，平常時から運用して慣れていたシステムが役に立ったことが多かったのです．これは，この震災で多くの関係者が共通に認識した重要な教訓です．　　　　〔佐藤　忠信〕

53 かけがえのない**文化財**を どうやって**守**るか

◆兵庫県南部地震で失われた文化財

　6,400名を超える犠牲者，24万棟の全・半壊建物，各種ライフライン被害などの陰に隠れて，一般にはそれほど重大な問題として認識されていない被害の1つに文化財の被害があります．兵庫県南部地震による文化財の被害は，国宝と重要文化財に限っても，全壊1件，一部損壊が171件で，地域別の内訳は，被害の多い順に，京都府（62件），兵庫県（47件），大阪府（45件）となっています（文化庁調べ）．建物に関しては，近畿2府4県（滋賀，京都，大阪，兵庫，奈良，和歌山）に国指定の有形文化財としての建物が973件（うち国宝152件）ありましたが，この約12%にあたる116件（国宝は12件）に被害が発生しています．

　長年にわたって都が位置し，文化・政治・経済の中心的な地域であった関西地域は，多くの文化財が存在するわが国の伝統文化の宝物殿的な地域です．特に京都や奈良には重要な文化財が集中し，例えば京都には，国宝の20%，国の重要文化財の15%，14件の世界遺産が存在しています．日本各地が空襲によって焼け野原になってしまった第2次世界大戦のときでさえ，敵国であった米国は京都や奈良の貴重な文化財を世界の遺産と考えて空爆しなかったといわれています．

　ところが，これらの地域は近い将来に地震に襲われる危険性が高いのです．すなわち，今後30～50年程度の間に発生することが確実視されているM8を超える南海地震や東南海地震，さらにそれらの巨大地震の前に数回発生すると考えられる兵庫県南部地震のような都市真下の活断層によるM7クラスの地震です．このような状況下で，文化財をとりまく地震防災対策は十分なのでしょうか？私たちは地震から貴重な文化財を守ることができるのでしょうか？

◆地震による文化財被害を防ぐために

　地震による文化財の被害は，以下の2つに大きく分類できます．地震の最中や直後から同時多発的に出火し延焼する震後火災による焼失と，地震の揺れによって構造物が崩壊したり，仏像などが転倒して損傷したりする被害の2つです．地震後にある程度の修復が可能である後者に比べて，全く灰になってしまい修復不能になってしまう点と延焼火災を引き起こしやすいわが国の都市の状況を考える

と，前者の「火災による焼失」がより深刻であるといえます．

1) 火災による文化財の焼失を防ぐために　文化財の重要性が十分認識されている地域では，文化財の防火対策はかなり整備されているといえます．しかしこれらの設備は，日常の火災を対象とするものであり，激しい揺れを伴う地震の後に同時多発的に発生する震後火災を対象とするものではありません．消化活動用の施設が激しい地震動で被害を受けないとも限りませんし，電気を使ってポンプで水を飛ばすような仕組みでは，停電が発生する可能性の高い地震後には機能しません．また消火活動に用いる水が通常の水道システムに依存している場合には，断水の影響を受けてしまいます．このような条件をさまざま考えると，文化財を火災から守る消防システムは，地震後の都市機能の麻痺などに無関係な信頼性の高いシステムである必要があります．言い換えると，現在の都市機能に依存しない原始的なシステムであることが大切なのです．

このような考えに基づいて，京都大学名誉教授の土岐憲三先生は京都の神社仏閣を火災から守る仕組みとして，図53-1に示すようなシステムを提案されています．これは標高の高い箇所に十分な水量の貯水池を作り（地域的には琵琶湖を水源として利用できる箇所も少なくないそうです），これを水源として建物の周辺に噴水のカーテンを作ることで延焼から守ろうとする仕組みです．このシステムでは電力もポンプも必要ありません．水源と建物位置の標高差を利用した自然流下方式ですから，バルブの口を開けるだけで機能するシステムになっています．

図 53-1　防火プラン実現のイメージ図

これと同じように，貯水の自然流下を利用したシステムはすでに実在しています．例えば，比叡山では，展望台のすぐ後ろの山の最も高いところに2,000トンの貯水槽を建設し，ここから比叡山全体に自然流下で水を下ろしています．東大寺でも同様の防火対策として，2,000トン級の貯水槽がつくられています．法隆寺では寺の裏山にあったため池を防火用貯水槽にする大きな防災工事が大正時代に行われています．この工事は当時のため池は農業の都合によって水量が大きく

変動していたので，これを寺の防災専用の貯水池にする大掛かりなものでした．専用貯水池の規模は1万トン以上であり，ここから自然流下で法隆寺の境内全体に消火栓を張り巡らせているわけです．

 2）**地震の揺れで壊れてしまう文化財を防ぐために** 文化財の指定を受けるような歴史的な価値のある建物が，一般的には，建設当時の最高の技術者が，最高の材料を使って建設し，注意深く維持管理されてきているものなので，当然耐震性も当時の他の構造物よりは格段に高くなっています．しかしわが国の構造物は木造であることから，いかに注意深くメンテナンスをしていても，時間の経過に伴って老朽化することは避けられません．建設当時のまま現在に至っているように見える歴史的建造物も幾度かの大修理を経ているものが多く，その機会を利用して補強工事が実施されているケースも多いのです．

 例えば現存する世界最大の木造建物として有名な現在の東大寺大仏殿は元禄時代に建設されたものですが，明治時代に大規模な修理がなされています．この修理の直前の大仏殿は，屋根の軒が波打ち，軒に周りから支柱をいっぱい立てて倒れるのを防いでいるような状態でした．明治の修理ではその支柱を外し，その代わりに必要な箇所には建設当時は使用されていない鉄骨を入れて補強しています．鉄骨は補強部材として屋根裏にも梁として用いられました．文化財としての価値を失わず，かつ強度を高める工夫が施されたのです．このような補修は他の多くの歴史的な構造物でも行われています．鎌倉時代の半ば慶長年間に建設された三十三間堂（さんじゅうさんげんどう）の呼び名で有名な蓮華王院も同様の例です．この建物は江戸時代の初めには傷みが激しくなり「慶安の大修理」がなされ，このときに隅部分に補強の支柱が立てられました．しかし「昭和の修理」では建設時には存在しなかったこれらの補強の支柱が本来の概観を損ねるということで，概観上は見えない箇所に鉄骨を用いた補強をすることによって，この支柱を取り除きました．

 以上は，建物の地震動に対する対策ですが，仏像や美術品などに関しては，地震の揺れを伝えない免震装置付きの台座を用いたり，揺れを感知すると展示品を覆って転倒を防止したりする装置が利用されたりしています．

◆文化財の防災対策の基本

 地震から人の命を守ることが最も重要な防災対策の目的であることは，万人が認めるところでしょう．最大の理由は，人間の生命がほかのものでは代替できないからです．大切な家族や友人を亡くした際に，「生命保険がおりるからいいや」

とか「ほかにも友達がいるからかまわない」という人は普通はいないわけです．文化財も人の生命と同じように，失った際に他のものでは補償できないものであり，代替のきく類のものではないのです．失った瞬間に永久にこの世からその価値あるものが消失してしまうのです．

　世界の遺産としてのわが国の文化財を地震をはじめとする各種の災害から守り，次世代に引き継ぐことは，その時代に生きる人間の責務です．わが国においては，文化財が多く存在するまちは，歴史のある地域であり，第2次世界大戦などの戦災にも焼けず生き残った地域であることも多いわけです．このような地域は，特別の対策を講じない限り，地震や震後火災に対しては条件のいい地域とはいえず，むしろ危険性の高い地域です．このような状況を十分踏まえた上で，私たちが今強力に推進すべきことは，国と自治体，そして地域住民が一体となって，周辺地域までを含めて，防災能力と安全性を高めるハードとソフトのバランスのとれたシステムを整備することです．すなわち，耐震補強や消防施設などの事前の適切なハード対策と，これをうまく運用する適切なソフト対策を事前に十分整備し，この体制を常に見直し，維持管理していくシステムの実現です．

　限られた時間的な制約の中で，迅速にこれを実現しないと，近未来に発生する地震時に，私たちは多くの貴重な文化財を失ってしまうことになるでしょう．地震によって痛手を受けた「近代文明」の復興は大変ではありますがある程度の時間をかければ可能です．一方，文化財を代表として連綿と受け継がれてきた「伝統文化」は，地震でいったん途切れてしまった場合には，その復興は非常に難しいのです．私たちはこの認識を十分持った上で，代替品のない文化財の防災対策を講じる必要があるのです．

　最後に関連する実例を2つ紹介しておきます．1923（大正12）年の関東大震災で，鶴岡八幡宮の舞殿や建長寺，円覚寺などの多くの建物の全壊とそれに伴う仏像や工芸品の破損，火災による被害を受けた鎌倉市では，市民による文化財保護への活動が立ち上がりました．この活動を契機として，寺社の文化財を安全に保管収蔵する「鎌倉国宝館」が昭和3年に建設され，今日まで多くの市民に親しまれながら，文化財を災害から守る役割を担い続けています．兵庫県南部地震の後には，土岐憲三先生（前掲）らが中心となって「地震火災から文化財を守る協議会（小松左京会長）が発足し，京都を中心とする文化財を地震から守る活動が展開されています．このような活動を全国規模で展開していくことが，今求められています．

〔目黒　公郎〕

54 地震被害想定とは

◆被害想定って何？

　地震被害想定とは，ある特定の地震が発生したと想定して，その地震によって生ずる地震動の分布，建物やライフラインの被害，人的被害，社会・経済的な影響などを予測する調査・作業のことをいいます．地震被害想定の1番の目的は，国や自治体が地震防災対策を推進するにあたって，目安となる被害の量，程度，分布などを把握しようというものです．これは災害対策基本法によって定められた地域防災計画のなかの応急対策計画の前提と位置づけられています．2番目の目的として，被害想定結果を公表することにより，住民の防災意識の向上を図ることがあげられます．被害想定調査結果が発表されると，マスコミなどがその結果大きく取り上げるため，一般市民の関心が高まることが期待されています．

◆被害想定の流れと方法

　地震被害想定では，ある震源域とマグニチュードをもつ地震が，ある季節・時刻に発生することを想定します．1997年に東京都が発表した「東京における直下地震の被害想定に関する調査報告書」では，東京都を中心とする地域において，2通りの震源（区部直下，多摩直下）を想定しています．震源域としては，ある程度の切迫性が指摘され，かつ発生した場合に最も大きな被害が予想されるフィリピン海プレート上面のプレート境界を仮定しています．マグニチュードはこの地域で考えられる上限の7.2と設定しています．地震被害は，地震発生の時刻や気象条件に大きく影響されます．この調査では，被害が最大となると思われる季節，時刻，気象条件が選択されています．すなわち，火災の起きやすく乾燥した，冬の午後6時に地震が発生するとし，延焼の危険性の高い風速6m/秒の条件を選択しています．

　このような仮定した前提条件のもとに，通常，地震被害想定では図54-1に示すような流れで，地震動（震度）の分布，構造物（建物，ライフラインなど）の被害，人的被害（死者，負傷者），社会生活上の被害（帰宅困難，住宅支障，食料支障）などの数量をさまざまな予測式を適用して計算します．このように多くの仮定とステップを踏んで被害想定は行われています．したがって，被害想定結果の数字そのものに高い精度を期待することは，本来の目的から外れているとい

```
┌──────────┐
│ 歴史地震  │
│ 活断層データ│
└────┬─────┘
     ↓ ←地震発生確率          地震被害想定の流れ
┌──────────┐
│ 地震の設定 │
└──────────┘
 マグニチュード    予測式
 震源位置     ┌─────────┐ 予測式 ┌────────┐ 予測式 ┌────────┐
 発生時刻  →  │地震動の分布│ →    │構造物被害│ →    │人的被害 │
              └─────────┘        └────────┘        │社会的影響│
              モニタリング                          └────────┘
┌──────────┐
│ 地震  発生│         早期被害推定システムの流れ
└──────────┘
```

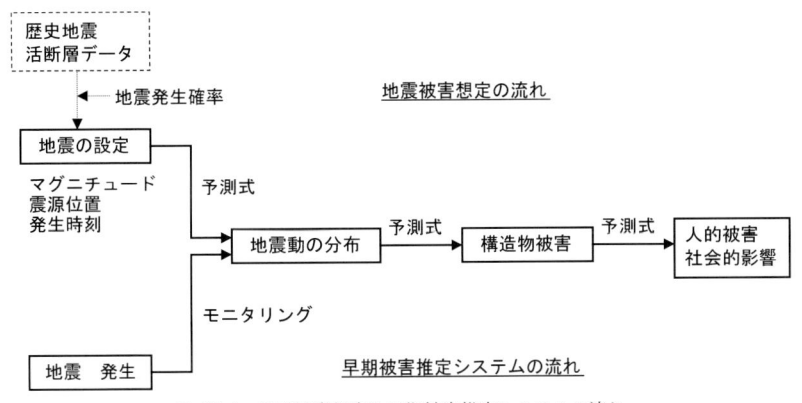

図 54-1　地震被害想定と早期被害推定システムの流れ

えます．被害数量は，あくまでも災害応急対応の前提条件であり，概数を押さえることが重要です．想定した条件や計算式を多少変えることによって結果が大きく変動しうるので，十分な注意が必要です．なお，後節に述べる「早期被害推定システム」は，地震発生直後に観測された震度分布に基づいて被害推計を行うもので，手法自体は被害想定と同じものです．

◆誰にでもできる被害想定

　通常，地震被害想定は，多大な時間と費用を費やして実施されます．特に兵庫県南部地震以後は，大半の都道府県や政令指定都市が地震被害想定を行いました．では，被害想定そのものはそんなに難しいものなのでしょうか？　実は，手法そのものは意外に簡単で，計算式に入力する基礎データを準備するのが大変なのです．したがって，もし地盤，建物，人口などの基礎データと計算式が用意されていれば，誰でも自分が設定した地震条件と季節・時刻条件で被害想定を試すことができます．内閣府防災部門のホームページから http://www.bousai.go.jp/manual/tool/intro.html をクリックしてみてください．「地震被害想定支援ツール」をダウンロードすることができます．また，このツールで使われている手法に関しても，ホームページにマニュアルがあります．これを用いると，例えば東京都の被害想定で用いられている区部直下地震に対して，図 54-2 のような震度分布が求まります．また，建物被害数と死者・重傷者数も市区町村別に推定されます．一度試してみてはいかがでしょうか？　　　　　　　　〔山崎　文雄〕

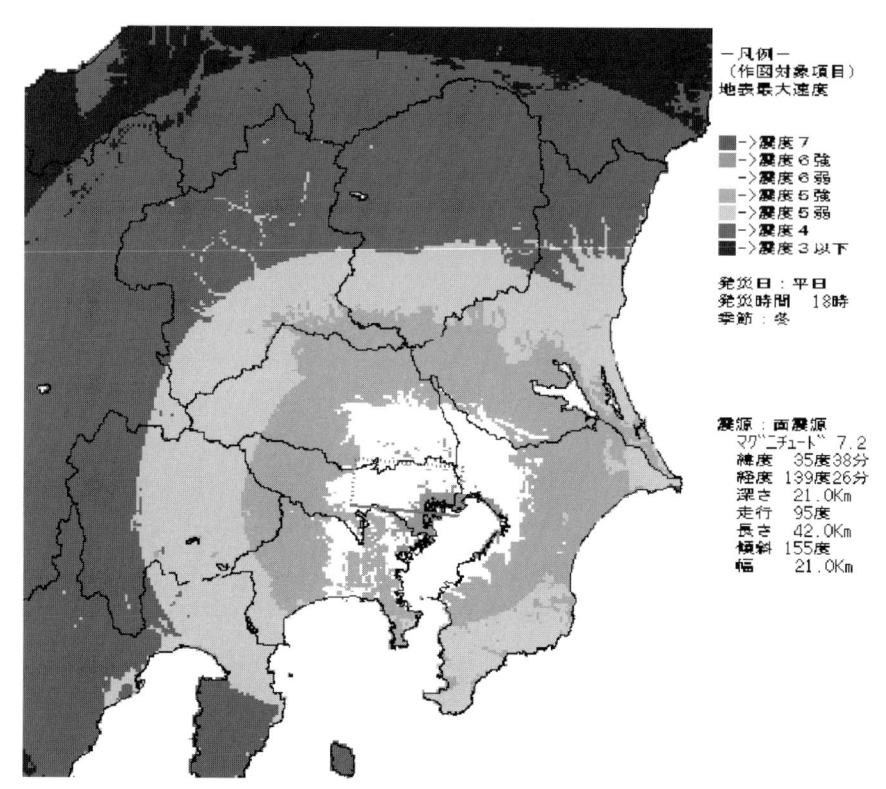

図 54-2　内閣府の地震被害想定支援ツールを用いた東京都区部直下地震の震度分布

55 密になった震度情報とその利用

◆地震発生直後の震度情報

　現在日本で，地震発生直後にどのような情報が得られ，その情報がどのように利用できるかを考えてみましょう．2000年10月6日に発生した鳥取県西部地震では，地震発生直後にテレビのテロップで地震発生と震度情報の一部が流れました．またインターネットでも，地震発生の午後1時30分から約11分後に，気象庁本庁から図55-1のような震度情報と，震源位置とマグニチュードの情報が流れました．兵庫県南部地震の苦い経験を経て，現在，ほぼリアルタイムでこのような密な震度情報が得られるようになっています．

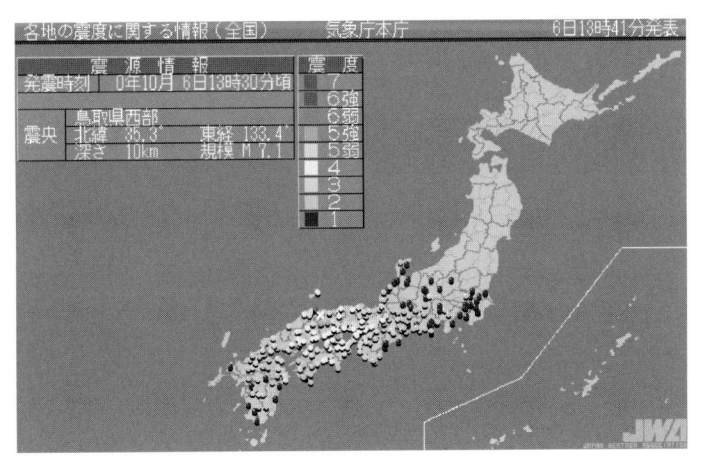

図 55-1　インターネットによる気象庁の震度速報（2000年10月6日鳥取県西部地震）

◆地震動の高密度モニタリング

　兵庫県南部地震では「震災の帯」と呼ばれる震度7地域にほとんど強震計がなく，被害の大きい地域がわかるまでに時間を要したという反省から，その後，多数の強震計が全国に配備されました．気象庁では，震動被害の甚大な地域を見逃さないため，震度観測点を全国約600か所に拡大するとともに，情報の途絶を防ぐため通信網の多重化も行っています．また，消防庁も全国の各市町村に1台ずつ震度計を設置する事業を行い，独立行政法人防災科学技術研究所も全国をほぼ

K　被害把握のためのテクノロジー開発　165

25 km ピッチでカバーするように強震計ネットワーク（K-NET）を展開しています．さらに，横浜市のように市内全域に 150 台の強震計を設置して，緊急対応の情報として利用している自治体もあります．

このようにわが国では，従来の数十倍の密度で地震計が設置されたことにより，地震発生時の震度分布が正確にかつ迅速に得られるようになっています．これらの地震計から震源近傍での強い揺れのデータが蓄積され，地震動の強さや空間分布に対する知識が深まれば，構造物の設計にも反映することができます．また，都市ガス事業者や道路管理者なども高密度な地震計ネットワークを構築しており，初動対応や二次災害防止のための震度情報として役立てています．

◆地震発生直後における震度情報の活用

地震発生直後の地震計ネットワークからの震度情報は，さまざまな防災関係機関において，初動対応を行うための情報として利用されます．図 55-2 は気象庁が発表する地震発生直後の情報とその活用のされ方です．震度 3 以上が観測された場合には，地震発生後 2 分程度で震度 3 以上の地域の震度を震度速報として発表しています．また 5 分程度で，震源・震度に関する情報を発表します．

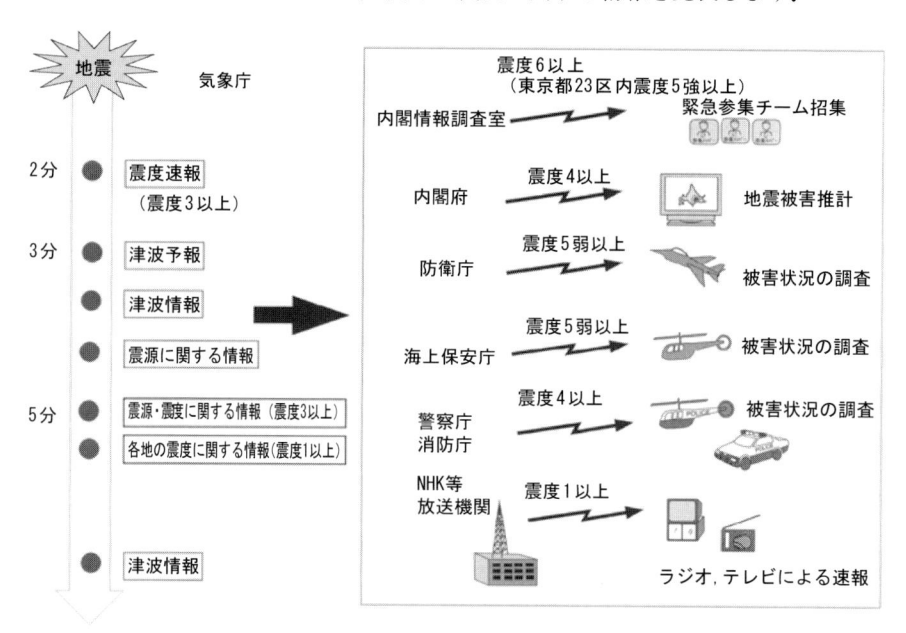

図 55-2　地震発生直後の震度情報の活用（平成 14 年度版防災白書より）

これらの震度情報を受けて，防災関係機関は震度に応じた対応を規定しています．震度4以上が観測されると，内閣府の被害推定システムが被害推定を行うほか，警察庁と消防庁が被害状況の調査を開始します．また，震度5弱以上が観測されると，防衛庁と海上保安庁が主として上空からの被害状況の調査に乗り出します．さらに震度6弱以上が観測されると，内閣情報調査室が緊急参集チームを招集します．このように，兵庫県南部地震以降の大幅な震度計ネットワークの増強により，被害地域を早期に特定し，緊急対応が行えるような体制が整備されつつあります．

◆リアルタイム地震防災システム
　地震計ネットワークからの直後の地震情報を利用するシステムを，リアルタイム地震防災システムと呼びます．リアルタイム地震防災システムでは，各地に配備している地震計から，通信システムを使って地震の波形や震度などの情報を即座に集めます．このシステムの構成は大きく2つに分けることができます（図55-3）．1つは地震情報（震源推定）システムで，緊急措置をとったり，地震発生情報を流したりするために使われています．気象庁の震度速報や，大きな揺れが届く前に新幹線を緊急停止させるJRの「ユレダス」などがこれにあたります．気象庁でも，最近，ユレダスと同じように，地震波を先回りして大きな揺れが来ることを都市に通報する「緊急地震速報」の実用化に関して調査研究を進めています．これは，危険物施設，建設現場，交通施設などへの地震発生の直前通報により，人的被害を防ぐことを目指しています．しかし，情報の迅速性と信頼性をいかに両立できるかが今後の大きな課題です．
　もう1つは早期被害推定システムです．これは，地盤や構造物のデータベース

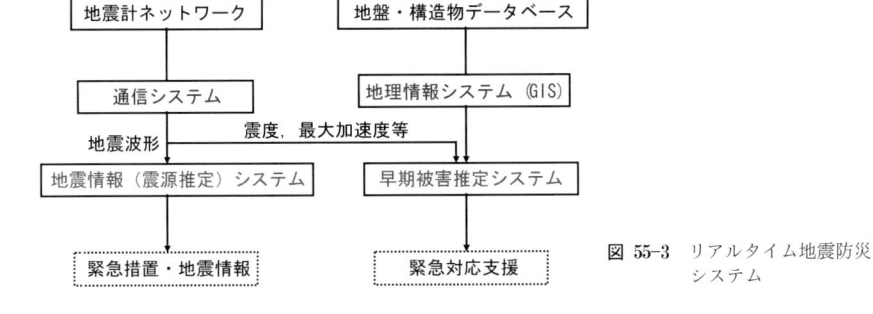

図55-3　リアルタイム地震防災システム

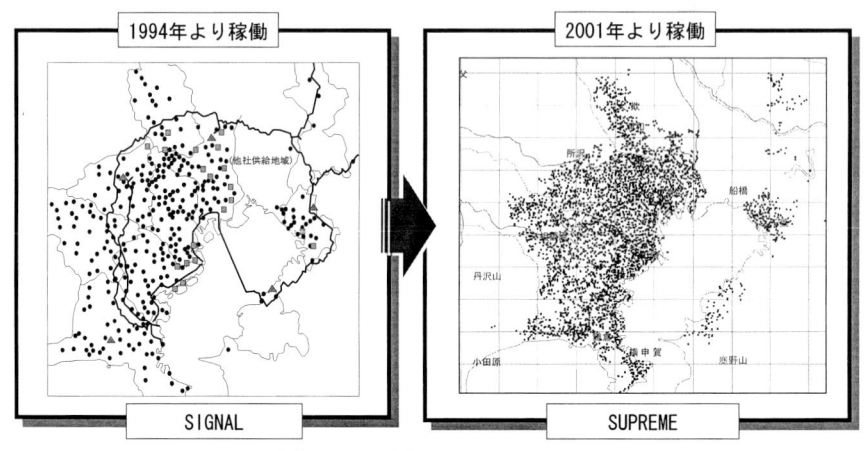

図 55-4 東京ガスの地震防災システムにおける地震計配置
左：SIGNAL，右：SUPREME．

を地理情報システム（GIS）に蓄え，震度情報と GIS データとを組み合わせて，さまざまなライフラインシステムや建物などの被害を短時間に推定し，二次災害を防止するための緊急措置の検討などに利用します．早期被害推定システムは，地震発生直後の情報の空白を埋めるのに役立ちます．的確な情報があれば緊急対応の準備のための時間を稼ぐことができます．ただし，これはあくまでも被害の推定であり，実際にどの程度の被害が起きているかを確認することも重要です．

　リアルタイム地震防災システムの代表的なものとして，東京ガスでは地震の揺れを高密度に観測し，危険だと判断すれば広域にわたってガス供給を停止するシステム（SIGNAL）を 1994 年から実用化しています．このシステムの場合，360 台程度の地震計を首都圏に設置して（図 55-4 左），それらの情報を無線で防災・供給センターに収集して，コンピュータで被害予測をし，被害が大きいと推定されれば警報を発令するような仕組みになっています．さらに最近，新しい制御用地震計の開発と通信網の増強と合わせて，3,700 か所の全ての地区ガバナ（ガスの変圧施設）において遠隔操作でガス供給遮断が行える新システム（SUPREME，図 55-4 右）へと発展しています．

　このように，世界で最も多数かつ高密度に地震計が配備されている日本では，これらから得られる揺れの即時情報を利用して，被害の軽減につなげようという努力が，特に兵庫県南部地震以降，官民ともに集中的に進められています．

〔山崎　文雄〕

56 被害情報を集めるには

◆アリの目と鳥の目

　迅速な災害対応を行うには，被害の広がりや大きさに関する情報がきわめて重要です．しかし，兵庫県南部地震では，発災初期には被害情報がなかなか集まりませんでした．この反省から，地震計ネットワークからの震度情報に基づいて早期に被害推定を行う，リアルタイム地震防災システムの開発・導入がさかんになりました．しかし，被害推定結果はあくまでも推定ですので，なるべく早く実際の被害状況の把握を行うことが適切な災害対応を行う上で必要です．

　被害把握の方法は，対象地域の広さ，必要精度，所要時間などのバランスを考慮して，適当なものを用いる必要があります．被害把握は，人間が目で確かめるか，映像や画像などを用いて視覚的に判断するのが通常の方法で，かつ最も確かです．人命救助のためには，地上での場所の特定が必要です．また，建物被害程度を詳細に把握する必要のある応急危険度判定や罹災度調査のためには，地上からの1棟1棟の調査が必要です．

　しかし，数時間～数日のオーダーで，被害の大まかな分布と程度を把握することも，救急・救命などの緊急対応地域の絞り込みや，応急復旧計画の立案のために重要です．そのためには，高所に設置したカメラやヘリコプターからの映像，航空写真などが有効です．このような「アリの目」と「鳥の目」の両方を使い分けることが，被害情報を収集するためには重要です．

◆モバイル端末とGIS，GPS

　地上から災害現場にアクセスする場合，紙の地図をもって現場の状況を記入したり，写真を撮ったりするのが従来からのやり方でした．しかし，この方法だと災害現場の状況を対策本部などに即座に送信することが困難です．また，目印になるような建物などが近くにない場合，地図上での位置の特定が難しい場合もあります．近年，さまざまなIT機器が一般化することによって，「アリの目」の調査もこれらの難点を克服することが可能になりつつあります．

　携帯（モバイル）情報端末システムと呼ばれるものは，ペン入力もできる小型パソコン，人工衛星からの信号を使って位置を正確に割り出す全地球測位システム（GPS），デジタルカメラ，データを送信する小型通信機器などの組み合わせ

図 56-1　GPS とモバイルパソコンを用いた 1999 年トルコ地震における日米共同被害調査の様子

で構成されています．このパソコンに，地理情報システム（GIS）と数値地図が搭載されていれば，現場にいながら，さまざまな地図情報の入力や情報検索が可能になります．また，対策本部とリアルタイムに情報を共有化することもできます．図 56-1 は 1999 年のトルコ地震における GPS とモバイルパソコンを用いた被害調査の様子です．この場合，数値地図がないため，人工衛星の画像を地図代わりに使って，観察した被害情報をこれにリンクしています．このような IT 化した情報収集が，今後ますます一般化するでしょう．

◆防災ヘリコプターの利用

　日本では，現在，約 70 機の消防・防災ヘリコプターが，消防機関や都道府県に配備され，けが人の緊急輸送や災害状況の把握のために活動しています．ヘリコプターの最大の長所はその機動性にあります．日中であれば，災害発生直後から飛び立つことができ，被害発生が予想される地域の上空から，実際の被害を確認し，地上に無線などで連絡することができます．また，ヘリコプターにテレビカメラを搭載すれば，映像を後から詳細に分析することもできますし，もし画像伝送システムも備えていれば，災害対策本部に画像を送り被害把握に利用することができます．

　ヘリコプターは，航空法によって飛行高度を 300 m まで下げることが許されているので，かなり詳細な被害映像を得ることができます．図 56-2 は NHK が兵庫県南部地震発生の 10 日後に，西宮市上空からハイビジョンで撮影した映像とその撮影の様子です．ヘリコプターからの映像は，火災や高速道路の倒壊といった大規模な被害ばかりでなく，このように建物の一部圧壊や壁面損傷など，真

図 56-2　NHK のヘリコプターから撮影された兵庫県南部地震におけるハイビジョン映像とその撮影のイメージ

上からの映像では認識が難しい被害情況の把握にも有効です．このような空撮映像を用いて，地震被害を自動的に判読する技術も現在さかんに研究されています．

◆航空写真の利用

　航空写真は以前より地図の作成に用いられるとともに，風水害，土砂災害，火山災害等の大規模な災害が発生した場合，その当日あるいは翌日から写真が撮影され，被害状況把握のための調査・解析に利用されてきました．兵庫県南部地震においても，発災からの5日間で，約1万枚を超える航空写真の撮影が行われ，さまざまな被害分布図の作成や建物被害状況の把握に利用されました．航空写真にはさまざまな縮尺のものがあり，引き伸ばすことにより詳細な判読が可能となるため，限定された地域での被害判読には非常に有効です．特に，土砂災害や液状化による地盤変位の読み取りなどに大いに力を発揮しています．また，真上からの撮影が中心なので，地図との重ね合わせも容易です．今後とも，航空写真は災害状況を空間的に記録する手段として頻繁に使われるでしょう．

◆人工衛星からの災害監視

　人工衛星に搭載された光学センサによって観測された画像を用いて，災害の広がりや程度を把握しようという試みも近年，さかんになってきています．人工衛星の光学センサでは，人間の目で見える可視光の領域から赤外線の領域までのいくつかの帯域で，地表の輝度情報を得ることができます．地表を覆っている植物，土，水などの光の反射率は波長によって異なります．いくつかの帯域をもっ

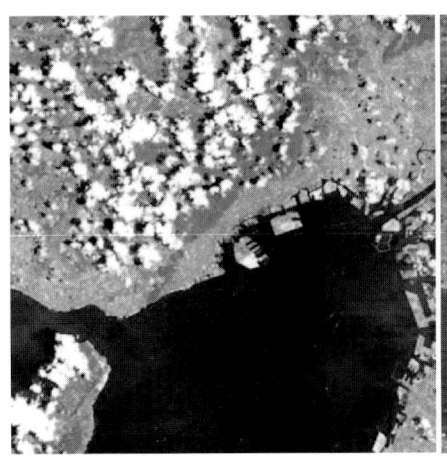

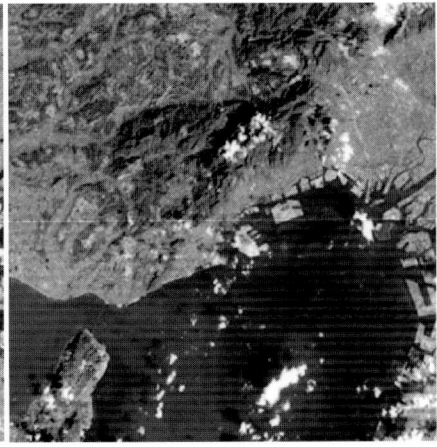

1994年8月17日（地震前）　　　　　　1995年1月24日（地震後）
図 56-3　地球観測衛星ランドサットで撮影した地震前後の阪神地域の画像（衛星データ所有：米国政府，衛星データ提供：Space Imaging EOSAT/宇宙航空研究開発機構）
白く見えるのは雲．

た光学センサでこの反射率を観測することにより，地表の状況を判読することが可能となります．

　従来までの人工衛星画像は，地上での解像度が約 30 m のランドサット衛星などが中心であったため，火山噴火や洪水など，大規模な災害の把握のみが可能でした．地震災害についても，このような解像度の制約のため，火災や土砂くずれなど，大きな広がりをもつ被害の検出が主に行われてきました．兵庫県南部地震に関しては，建物被害が広域に分布するので，地震発生前後の 2 時期のランドサット衛星画像を用いて，建物被害地域の検出を試みました（図 54-3）．その結果，建物焼失・建物倒壊が多い地域や，液状化が大規模に発生した地域は，地震前後の人工衛星画像に輝度値の変化が見られました．これらを利用して，液状化や建物焼失地域は精度よく，また建物被害が甚大な地域も比較的よく判別できることがわかりました．しかし，このような被害把握は，あくまでも地区や建物群としての被害に対してであって，建物 1 棟，橋 1 橋の被害を判読できるほどの精度はありません．

　しかし，ごく最近，米国，フランス，インドなどの国々によって，従来とは比較にならないほどの高解像度の商業衛星が次々打ち上げられるようになりました．日本も防衛を主目的とする多目的高解像度衛星を 2 基，2003 年に打ち上げ

図 56-4 2001年インド地震直後にイコノス衛星から撮影された Bhuj 市の様子（衛星データ：Space Imaging 社より購入）
解像度 1 m であるため倒壊建物や車も識別可能．

に成功しました．

　1999年に打ち上げが成功した米国 Space Imaging 社のイコノス衛星は，解像度 1 m の初めての商業衛星です．イコノス衛星は，1日に地球を極軌道で14周し，3日間ごとに地球の全ての地域をほぼ真上から写すことができます．搭載しているのは光学センサなので，雲に覆われている地域は観測できませんが，さまざまな地球観測の目的に利用されることが期待されています．このように高い解像度をもっていると，従来の衛星画像では困難だった建物1棟レベルでの被害判読にも応用できると考えられます．図 56-4 は，2001年1月のインド西部地域を襲い，2万人あまりの死者が出た地震の2日後に撮影されたイコノス画像です．この写真は被害の大きかった Bhuj 市を含む画像から一部を切り出したものですが，倒壊した建物や，通行する車も判別することができます．このように高解像度の衛星画像が短時間で得られるようになると，防災分野における利用も飛躍的に拡大・高度化することになるでしょう．　　　　　　　　　　〔山崎　文雄〕

57 国の防災体制はどうなっているか

平成7年（1995年）1月17日，村山首相（当時）はテレビの報道を見て兵庫県南部地震の被害の発生を知りました．この当時，国の防災を担当している国土庁には，24時間の宿直体制が整備されておらず，独自の情報収集手段ももっていませんでした．官邸をはじめとする政府，国の機関はもとより，地元の行政機関，防災関連機関にとってもテレビ・ラジオが最大の情報源だったのです．

◆内閣の危機管理体制の強化

平成8年に内閣情報集約センターが設立され，災害時における情報収集の24時間体制が整いました．平成10年には危機管理を専門とする内閣官房危機管理監が新設され，平成14年（2002年）4月には総理大臣新官邸が完成し，政府の危機管理の中枢となる危機管理センターが設置されました．センターには，対策本部会議室，対策事務室（オペレーションルーム），24時間体制で情報収集にあたる情報集約室などが配置され，情報通信をはじめとする危機管理のための設備，機器が設置されており，内閣の危機管理体制が大幅に強化されました．

◆防災行政の機能強化

防災行政については，平成13年に旧国土庁防災局が内閣府へ移管され，防災施策に関する事項についての企画立案や他省庁との総合調整を担うこととなり，その権限が強化されました．防災行政の中心的な役割を担う防災担当大臣が新設され，内閣総理大臣を会長とした中央防災会議が設置されました．同会議は，内閣の重要政策に関する会議の1つとして位置づけられ，防災対策上重要な案件については，専門調査会を設置して検討することができるようになりました．その1つである首都直下地震対策専門調査会は，平成17年（2005年）7月に死者約1万1,000人，経済被害約112兆円（東京湾北部地震，夕方18時，風速15 m/秒）との被害想定を発表し，必要な防災対策についてとりまとめています．

◆応援体制の整備と拡充

阪神・淡路大震災の教訓を受けて，消防，警察，自衛隊の実働部隊では，災害応急対策を行うための体制整備が進められました．

1) **緊急消防援助隊と広域緊急援助隊**　平成7年6月，消防は緊急消防援助隊を，警察は広域緊急援助隊を発足させ，全国的な応援体制が構築されました．平成15年6月には消防組織法の一部が改正され，緊急消防援助隊が法制化されました．平成16年4月からは緊急消防援助隊に係る国の財政措置が法律に定められ，2以上の都道府県に及ぶ大規模災害や毒性物質の発散等の特殊災害などに対処するために特別の必要があるときには，消防庁長官が出動の指示をすることができるようになりました．

2) **自衛隊の災害派遣**　阪神・淡路大震災においては，自衛隊の災害派遣の遅れが大きく批判されることとなりました．派遣には都道府県知事からの要請が必要（要請主義）ですが，兵庫県は県内の被害状況をなかなかつかめず，自衛隊に要請がなされたのは，地震発生から4時間が経過した午前10時頃でした．自衛隊法83条2項には，特に緊急な事態には要請を待たないで部隊を派遣（自主派遣）することができる規定がありましたが，過去に運用されたことがなく，自主派遣はなされませんでした．また，路上の放置車両が通行の著しい妨げとなったのですが，自衛隊には放置車両を移動させる権限がありませんでした．

　以上のような反省から，平成7年に災害対策基本法の改正がなされ，被災地の市町村長が都道府県に対して自衛隊の災害派遣を要請することができるようになりました．改正前は，複数の市町村からの派遣要請が錯綜しては，部隊運用の的確な判断が困難になるおそれがあるなどの理由から，派遣要請が行えるのは都道府県知事に限定されていました．また，自衛官による警戒区域の設定が可能になり，警察官不在の場合は路上の妨害車両の移動措置を行うことができるようになるなど，派遣された自衛官に新たな権限が付与されました．従来明確な基準がなかった自主派遣についても，防衛庁防災業務計画の中で具体的な基準が設定されました．

◆2004年新潟県中越地震で発揮された国の初動対応

　2004年10月23日17時56分，新潟県中越地震が発生しました．2006年2月1日現在，住家被害は全壊3,175棟，半壊1万3,772棟，一部損壊10万3,603棟，非住家被害4万385棟に及び，避難者数は最大で10万3,178人，地震による直接被害は3兆円に達するなど，兵庫県南部地震以降，最大の地震被害となりました．

　一方で国の初動対応はどうだったのでしょうか．地震発生から4分後の18時

00分，官邸対策室設置・緊急参集チームが招集され，内閣府情報対策室が設置されました．14分後の18時10分，消防庁から仙台市および埼玉県に緊急消防援助隊の出動準備依頼がなされ，18時25分に出動要請がなされました．36分後の18時32分，陸上自衛隊立川駐屯地から被害状況偵察のため映像伝送システムを搭載したヘリコプターが離陸し，その後自衛隊航空機11機による被害状況調査が実施されました．兵庫県南部地震以降，政府機関の危機管理体制および，消防・警察・自衛隊をはじめとする広域応援ネットワーク体制は格段に整備されており，新潟県中越地震における初動対応はきわめて迅速でした．　〔秦　康範〕

自衛隊の災害派遣　BREAK

　災害派遣には，要請派遣，自主派遣，近傍派遣の3種類があります．要請派遣とは，都道府県知事等からの要請を受けて行われる派遣で，通常行われる派遣はこれに該当します．自主派遣とは，要請を待ついとまがないと認められるときに行われる派遣です．阪神・淡路大震災の教訓を受けて，1995年10月の「防衛庁防災業務計画」の修正により，①関係機関への情報提供のために情報収集を行う必要がある場合，②都道府県知事などが要請を行うことができないと認められるときで直ちに救援の措置をとる必要がある場合，③人命救助に関する救援活動の場合など，と自主派遣の判断基準が定められています．近傍派遣とは，防衛庁の施設またはこれらの近傍に災害が発生した場合における部隊等の派遣で，阪神・淡路大震災における倒壊した阪急伊丹駅や西宮で行われた救助活動がこれに該当します．

　災害派遣要請はどのような場合に受理されるのでしょうか？　実は，災害派遣には，公共性，緊急性，非代替性の3つの原則が存在します．したがって，公共の秩序を維持する目的で，差し迫った必要性があり，かつ自衛隊の派遣以外に適切な手段がない場合でなければ，自衛隊の災害派遣は成立しません．

58 今後の危機管理体制のあり方
―特に防災マニュアルについて

◆2 極化する防災マニュアル

　冷静な判断と機敏な行動が要求される災害時，どのように行動したらいいのでしょうか？　最近，世界各地で，地震や洪水などの大規模な自然災害や，巨大事故やテロなどの人為的な災害が発生し，危機管理の重要性が叫ばれています．しかし本当の意味で活用性が高く，対象組織や地域の総合的な危機管理体制や防災体制の向上に貢献するマニュアルの研究は進んでいません．マニュアルづくりの重要性が喧伝される一方で，どんなマニュアルが必要かの議論は全く不十分なのです．現在のマニュアルは，極論すれば「ただ一言，災害の状況を的確に判断し，最適な対処をとれ」という「百戦錬磨の専門家対象型」のマニュアルと「微に入り細に入り，①○○をしなさい，②○○をしなさい，③…」というファーストフードショップのアルバイトさん向けマニュアル的「ずぶの素人対象型」に分かれます．

　当然両者とも災害時/有事には機能しません．前者はそれを判断できる人間がいないから，後者は状況が想定した通りに進展してくれないからです．しかし，私は基本的には防災マニュアルは前者であるべきと考えています．そのための人づくりが大切であることはいうまでもありませんが，急に専門家は育成できません．本人の努力と環境が必要です．若い人材がその部署に配置になったとき，彼らはまず自分の上司や先輩たちを見ます．「先輩たちが輝いて仕事をしているかどうか．いきいきしているかどうか．上司が周囲から尊敬されているかどうか」．ポイントは，新しく配置になった新人に「ここで頑張って努力すれば，恵まれた環境も手に入るし，人々の役にも立つ．やりがいもあるし周りからも尊敬される．一生懸命努力して知識や経験を積んで，先輩たちのように輝いて仕事をするぞ」と思わせる環境づくりです．赴任して早々に，「ああ，俺はラインからはずれた」とか「どうせ腰掛だから，適当にやっていればいいや．まさか自分が防災担当をしている間には何も起こらないだろう」などと感じさせてしまうことは絶対に避けなくてはなりません．

◆防災マニュアルのあるべき姿

　防災マニュアルは細かな約束ごとのファイルであってはいけません．行動を拘

束するものでもありません．マニュアルは，然るべき教育とトレーニング，経験を積んだ担当者がその判断に基づいて行った行為に対する責任を保障するものでなくてはいけないのです．現在の一般的な状況は，マニュアルに従ってさえいれば，後で責任を問われなくてすむ，書いてある通りにしていれば，自分の立場が後々問題になることはない，というものです．これでは機敏な判断や迅速な対応など，とれるはずもありません．後手後手になって当然です．

　防災マニュアルは，必要とされるときに取り出して読むものではないのです．マニュアルはその背景を学び理解するものです．マニュアルは当事者たちがつくるべきものであり，実践的訓練を通して，アラ捜しをし合って積み上げるものなのです．

　「当事者たちが自分の考えるマニュアルを持ち寄る．そしてお互いに見せ合い，なぜその項目を書いたのかを説明し合う．関係者の安否確認，帰宅難民，周辺住民の救済，企業であれば会社の経営戦略，…」さまざまな項目が検討課題になってきます．これらの項目の是非，意味のあるなしを，相互に厳しく指摘し合うのです．この前段階としては，時間別・状況別の災害状況の分析が当然必要になります．この手段としては，例えば災害状況イマジネーションツール「目黒メソッド」などがあります．

　このような作業を繰り返して，参加者が相互に了解し合えるものができるまで続けます．当事者たちが了解を出し合ったとき，1つのマニュアルが完成しますが，この時すでに参加者の脳裏にはマニュアルの各項目の背景が理解され，有事にとるべき対応法はインプットされています．マニュアルづくりを通して，潜在的リスクの洗い出しとその回避法を徹底的に検討できたということです．もはやこの時点では完成したマニュアルそのものは当事者たちには必要ありません．状況に応じて適切な対処をとれるだけの訓練が済んでいるのです．

◆次世代型防災マニュアル

　理想的な防災対策とは，「被害抑止」，「災害対応/被害軽減」，「最適復旧/復興計画」の3つをバランスよく実施することであり，こうすることではじめて総合的防災力の向上が実現します．いうまでもなく，防災マニュアルは総合的防災力の向上に貢献するものでなくてはいけませんが，現行のほとんどの防災マニュアルは，災害対応/被害軽減を主目的として作られています(図58-1)．さらに「分厚い紙の印刷物」であることや，「お上指導型/提供型」であるなどの点を背景と

して，責任の所在が不明確，対象組織/地域の特性把握が不十分，検索性や更新性が悪い，既存マニュアルの善し悪しの評価ができない，などの問題がありました．これでは総合的防災力の向上には役立ちません．

　ここでは，上記のような点を踏まえた上で，これらの課題を解決する「次世代型防災マニュアル」を紹介します．このマニュアルは，利用主体である組織や地域が潜在的に有している問題点の洗い出し，対処法の検討と実施，そしてその評価を行うことで，総合的防災力の向上が実現する環境整備を可能とするものです．このマニュアルを実現するための機能としては，既存マニュアルの分析/評価，目的別/ユーザ別編集，当事者によるマニュアル作成/更新災害シミュレーションの4つが考えられています．図56-2，52-3はそれぞれ上で紹介したような機能を具体的に示すものです．なお，これらは首都圏のある政令指定都市の防災

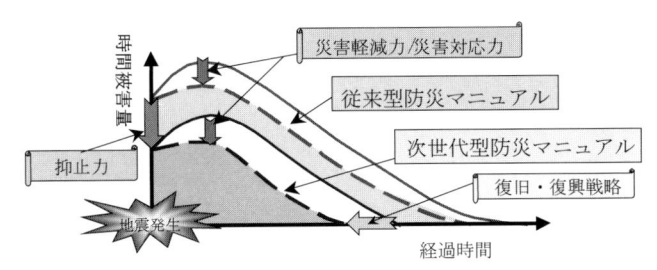

図 58-1　従来型と次世代型防災マニュアルの防災に対する効果の違い
従来型の防災マニュアルが災害直後の利用のみを対象としているのに対して，次世代型防災マニュアルは，事前対策から復旧・復興期までの総合的な防災対策を実現し，トータルとしての被害の最小化を目指す．

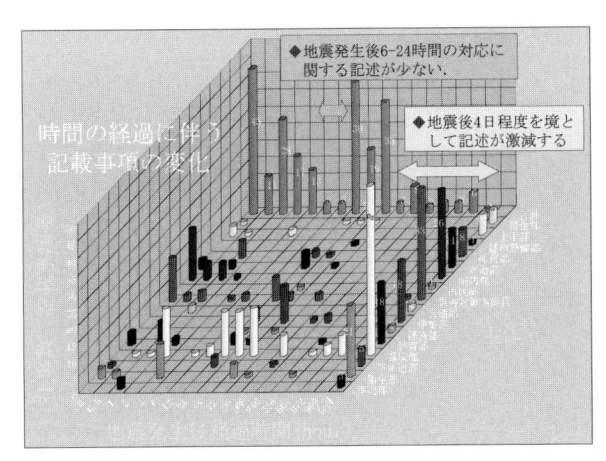

図 58-2　既存の防災マニュアルの性能を評価する機能
主体間の業務量のアンバランスや時間経過に伴って発生する業務が適切に盛り込まれているか否かの評価が可能．

L　防災体制の強化

マニュアルを対象として本システムを適用した場合の結果です．また図58-4は地震発生時刻別，シナリオ地震別に自動的に作成された防災マニュアルの例です．

〔目黒　公郎〕

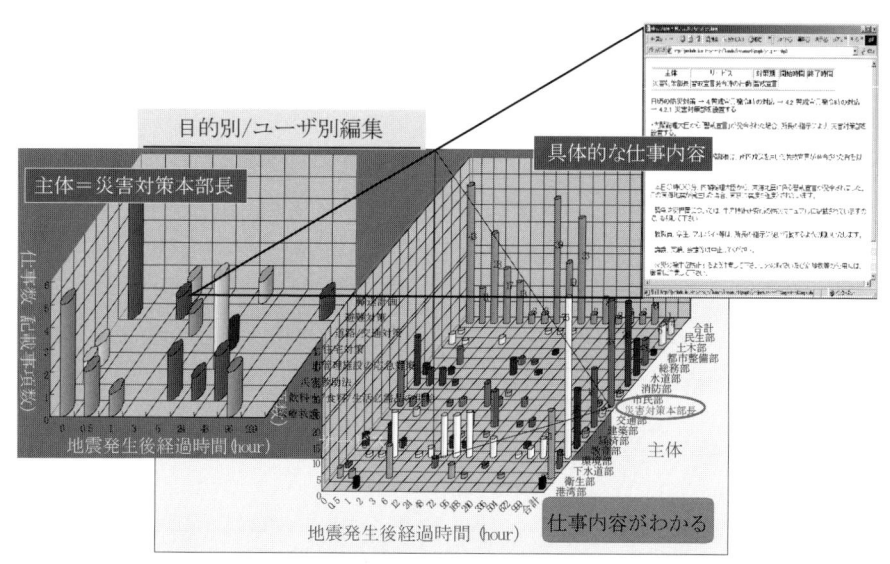

図 58-3　目的別/ユーザー別編集機能（災害対策本部長を例とした対応業務の時間変化）
各グラフをクリックすることで，必要とするマニュアルの具体的な内容が表示される．

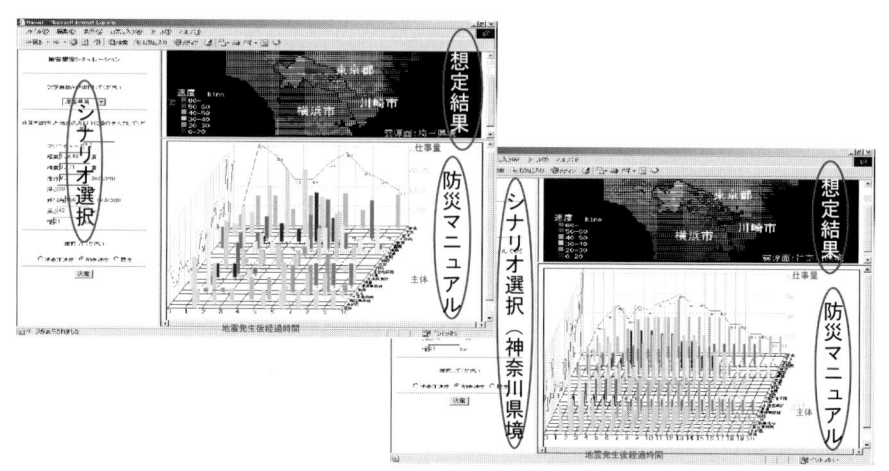

図 58-4　提案システムで実現したダイナミック・インタラクティブ防災マニュアル
地震発生時刻，シナリオ地震別に防災マニュアルが自動的に作成される．

付　表

確定した阪神大震災の被害

死　　　　者	6,434 人
行　方　不　明	3 人
重　傷　者	1 万 683 人
軽　傷　者	3 万 3,109 人
全　壊　住　宅	10 万 4,906 棟 (18 万 6,175 世帯)
半　壊　住　宅	14 万 4,274 棟 (27 万 4,182 世帯)
一部損壊住宅	39 万 506 棟
役　所　な　ど	1,579 棟
学　校　な　ど	1,875 か所
道　　　　路	7,245 か所
橋　り　ょ　う	330 か所
河　　　　川	774 か所
が　け　崩　れ	347 か所
全　　　　焼	7,036 棟
半　　　　焼	96 棟
部　分　焼	333 棟
焼　失　面　積	83 万 5,858 m^2
火災によるり災	8,969 世帯

（消防庁，2006 年 5 月）

被害が大きな地震

順位	名称	発生日	震源地	マグニチュード	死者数	
1	華県地震	1556.1.23	中国陝西省	～8	83万人	
2	唐山地震	1976.7.27	中国河北省	7.5	25万5,000人	(非公式には65万5,000人ともいわれる)
3	アレッポ地震	1138.8.9	シリア・アレッポ	?	23万人	
4	スマトラ島沖地震	2004.12.26	インドネシア・スマトラ島沖北西	9.0～9.3	23万人	(地震と津波による死者)
⋮						
9	関東地震	1923.9.1	関東地方	7.9	14万3,000人	

最近の主な地震と死者数

発生年月	名称	規模	死者数
1995年1月	阪神大震災	M7.3	約6,400人
1999年8月	トルコ北西部	M7.8	約1万7,000人
2001年1月	インド西部	M8.0	約2万人
2003年5月	アルジェリア北部	M6.9	約2,300人
2003年12月	イラン南東部	M6.8	約4万3,000人
2004年12月	スマトラ島沖	M9.0	23万人
2005年10月	パキスタン北部	M7.7	7万人以上
2006年5月	ジャワ島中部	M6.3	約5,500人

(2006年6月現在)

索　　引
（**太字**は見出し項目）

［ア　行］

アスペリティ　15
淡路島野島断層　10
安全性のチェック　54
安否情報　115
安否の確認　82

一時避難場所　118
命を守る水　103

埋立地　25, 27, 112

液状化　172
液状化現象　27
液状化対策　28, 101
S波（横波）　17, 116
延焼火災　88, 118
延焼遮断帯　90
遠地津波　40

応援給水　104
応急仮設住宅　→仮設住宅
応急危険度判定　64, 66, 72
応急危険度判定士　68
応急危険度判定ステッカー　72
応急送電　97
応急対策　113, 162
応急手当（建物の）　71
応急復旧　97, 155
帯鉄筋　151
御岳崩れ　29

［カ　行］

海溝型地震　3
開口部　50
海底地震　35
カイン　19

家具から身を守る　61
家具の転倒対策　61
かけがえのない文化財をどうやって守るか　158
火災　159, 170
火災保険　85
火山噴火と地震の関係は？　6
ガス供給遮断　168
ガスシステム　107
ガスの地震対策　109
仮設住宅　112, 128, 134
仮設住宅について　128
仮設トイレ　111, 113
加速度　20, 142
傾いた家は直せるか？　69
活断層　4, 11, 12, 15
活断層とは？　4
ガレキ　155
ガレキ処理　111
瓦　50, 52
瓦の家は大丈夫？　50

危機管理センター　174
危機管理体制　177
気象庁　40, 165
気象庁マグニチュード　18
帰宅困難者対策　82
逆断層　3
救援物資　121, 127
急傾斜地崩壊危険箇所　30
給水管　104
給水車　113
給水装置　103
橋脚　146, 149
共助　132
共振　22, 142
強震計　166
強度　65
共同溝　94

切土　26, 48
緊急地震速報　116, 167
緊急遮断弁　109
緊急消防援助隊　175

杭基礎　146
国の防災体制はどうなっているか　174

計測震度階　20
携帯電話　99
経年変化　62
下水処理施設　111
原子力発電所　96
建築基準法　46, 89
建蔽率　89

広域緊急援助隊　175
広域地震火災　90
広域避難場所　118
高架橋　146
高架橋や橋梁はなぜ神戸でたくさん壊れたか？　146
航空写真　171
公助　132
鋼製橋脚　148
洪積地盤　23
洪積層　23
構造耐震性能指標　54
高層建物（ビル）　47, 142, 144
高層ビルは大丈夫か　142
高速道路の倒壊　170
公的支援　133
後背湿地　25, 27
国土庁　174
こころのケア　124
孤独死　124
ゴミ処理　110
ゴミの発生　129
固有周期　142
コレクティブ・ハウス　134
コンクリート巻き立て工法　152
コンクリート劣化　60
今後の危機管理体制のあり方　177

［サ　行］

災害監視（人工衛星からの）　171
災害救助法　124
災害ゴミ　112
災害時，どのようにして都市機能は維持されるのか　113
災害弱者　126
災害対策基本法　162, 175
災害（時）伝言ダイヤル　83, 116
災害派遣　175, 176
災害復興　131
災害復興公営住宅　134
最大加速度　142
在来軸組構法　51
相模トラフ　14
座屈　150

自衛隊の災害派遣　175
市街地再開発事業　135
自家発電設備　105
自助　132
地震火災から街を守る　84
地震計　21, 108, 109
地震計ネットワーク　169
地震津波　35
地震動　39, 143, 160
地震動予測地図　11, 12
地震に弱いライフライン　92
地震の予測はできるのか？　9
地震はなぜ起こる？　2
地震被害想定とは　162
地震保険　138
地震予測　9
地震力　42, 146
地滑り　35
地盤　146
　──の側方流動　28
地盤調査　34
地盤破壊　33
地面が溶ける　27
斜面が崩壊する　29
周期　19, 21

津波の―― 37
集合パニック 80
渋滞（道路の） 153
住宅共済制度 138
住宅再建 133
住宅地区改良事業 135
収容避難所 119
床版 149
上部構造 69
情報収集 174
情報伝達システム 104
情報をどう伝えるか？ 115
初期消火 118
震央 15
震源 15, 116
震源断層 15
人工衛星画像 172
震後火災 159
震災の帯 25, 31, 42, 165
震災の帯はなぜできた？ 31
深層地盤 23, 33
深層地盤構造 32
心的外傷後ストレス障害（PTSD） 124
震度 116
振動実験 61
震度階 20
震度観測点 165
震度計 165
震度情報 165
心理パニック 80

水槽亀裂 103
水平成層構造 24
ステークホルダー 136
スペクトル 21
スラブ内地震 9

生活再建 131
正断層 3
接合金物 58
接合部 42, 43
浅水変形 38
浅層地盤 23, 33

せん断破壊 147

早期復旧 98, 102
速度 19
側方流動（地盤の） 28

[タ 行]

太平洋プレート 4, 6, 35
耐震改修 54, 139
耐震基準 51
耐震診断 54, 72
耐震診断チェック表 56
耐震性能 44, 50, 53, 69
耐震設計 5, 42, 105, 142, 147
耐震対策指針 98
耐震継手 108
耐震補強 58, 60, 130, 145, 147, 150
耐震補強のABC 58
脱線 150
縦波（P波） 17, 116
建物倒壊 87, 172
建物は基礎がいのち 48
建物は神戸でどう倒れたか 42
誰が復興の主役か 131
断層 4, 32
断層運動 35, 37
断層線 15, 17
断層破壊 35

地域防災計画 122, 162
地殻内地震 10, 14
地下室 46
地下室は安全か 46
地耐力 49
地表地震断層 10
中央構造線 4
中央防災会議 174
沖積地盤 23
沖積層 23, 33
長周期地震動 143
直後の生活はどうなるか 118
直下地震 143

索引 | 185

次の地震はどこに？　12
津波　35, 39, 46
　　──の周期　37
　　──の伝播速度　36
津波地震　39, 40
津波とは　35
津波の特徴　37

ディレクティビティ（指向性）　16, 31
鉄筋コンクリート橋脚　147, 151
鉄筋コンクリート造　58, 69, 88
鉄筋コンクリート建物　144
転倒対策（家具の）　61
転倒防止対策例　62
伝播速度（津波の）　36
電力供給　96
電力設備　96
電力はいつ復旧するか　96
電話が使えない　99
電話システム　99
電話の不通　100

トイレの確保とガレキ処理が大きな課題　110
トイレパニック　110
倒壊
　　家屋の──　100
　　建物の──　87
　　電柱の──　100
東京都防災会議　84
道路システム　156
道路の渋滞はなぜ起こったか，どうすれば防げたか　153
どこがよく揺れる？　23
都市直下型地震　143
土地区画整理事業　135
ドップラー現象　16
どのように再建・補強されたのか？　149

[ナ　行]

内閣情報調査室　167
内閣府情報対策室　176
内陸活断層　25
内陸地震　9

南海トラフ　14
軟弱地盤　25, 33

二次災害　63
二次壁　65

布基礎　48

[ハ　行]

配水処理施設　103
ハイテク耐震補強　144
バックアップ体制　107
パニック　80
パニックは起きるのか　80
バリアフリー　127

被害情報を集めるには　169
被害想定　82, 84
被害を受けたら　65
非構造壁　65
ひずみ分布　8
必要耐震性能指標　54
PTSD（心的外傷後ストレス障害）　124
避難所　113, 133
避難所生活　121
避難生活者たちを襲ったさまざまな問題　124
Ｐ波（縦波）　17, 116
兵庫県南部地震で亡くなった方々の特徴　74
兵庫県南部地震の直後の避難所生活　121
ピロティ形式　44, 55
ピロティ形式の建物は危ない　44

フィリピン海プレート　6, 10, 35
フォーカッシング（現象）　25, 33
不整形構造　24
不整形地盤　24
復旧　104, 107
　　ライフラインの──　119
復旧が困難な都市ガス　107
復旧作業　95, 101, 104, 108
プレート（運動）　2
プレート間地震　3, 9
プレート境界地震　3

ブロック別配水区域　103
文化財の防災対策　160
文化財被害　158
噴砂現象　28

べた基礎　48
変位　19
変形性能　152
便所　46

防火構造　88
防火水槽　86
防災関係機関　121
防災グッズ　14
防災対策（文化財の）　161
防災ピロティ　45
防災ヘリコプター　170
防災マニュアル　177
放射特性　17, 31
補強　69
北米プレート　6, 35
補剛材　152
補修　69
ボランティア　124
本震　63

［マ　行］

マグニチュード　11, 18, 63
マグマ　6
街の復興計画は誰がどのようにつくるのか　136

水供給システム　103
密集市街地　89
密になった震度情報とその利用　165
ミンチ解体　111

目黒メソッド　178
免震　144
免震効果　49
免震構造　49
免震装置　101, 160
免震建物　60, 144
メンタルヘルス事業　124

燃えない街をつくるには　87
木造住宅（建物）　50, 53, 55
モバイル端末　169
モーメント・マグニチュード　18
盛土　48
盛土部分　26

［ヤ　行］

ユーラシアプレート　4, 10, 35
ユレダス　167
揺れと被害の関係は？　19
揺れの発生と広がり　15
揺れはなくとも津波は起こる　39

横ずれ断層　3, 17
横波（S波）　17, 116
余震　63, 66, 118
余震の恐怖　63
余震発生確率　115
予備電源　101

［ラ　行］

ライフライン　92, 113, 158, 162
　　──の復旧　119
ライフラインシステム　95
落石　30

リアルタイム地震防災システム　167, 169
隣接建物　45

ローカル・マグニチュード　18

本書に出てくる地震（発生順）

宝永地震（1707）　6
濃尾地震（1891）　9, 50
三陸地震（1896）　35, 39
サンフランシスコ大地震（1906）　84
関東地震（関東大震災）（1923）　14, 80, 84
三陸地震（1933）　35
東南海地震（1944）　14, 35
南海地震（1946）　14, 35
福井地震（1948）　50

索　引　187

チリ地震（1960） 35, 37
新潟地震（1964） 82
宮城県沖地震（1978） 54
日本海中部地震（1983） 35
長野県西部地震（1984） 29
メキシコ地震（1985） 63, 146
ロマプリータ地震（1989） 146
北海道南西沖地震（1993） 29, 35, 44
ノースリッジ地震（1994） 146
兵庫県南部地震（阪神・淡路大震災）（1995） 本書全体
鹿児島県北西部地震（1996） 63
台湾地震（1999） 29
鳥取県西部地震（2000） 5, 56, 111, 134, 165
芸予地震（2001） 11, 64
北海道十勝沖地震（2003） 9, 38
新潟県中越地震（2004） 10, 64, 99, 115, 134, 136, 175
スマトラ島沖地震（2004） 9, 40
福岡県西方沖地震（2005） 10, 12
宮城県沖地震（2005） 9, 114

編集者略歴

岡田恒男(おかだつねお)
1936 年　岡山県に生まれる
1961 年　東京大学大学院数物系研究科
　　　　修士課程修了
現　在　東京大学名誉教授
　　　　工学博士
　　　　(財)日本建築防災協会理事長
　　　　元日本地震工学会会長
　　　　(2001.6～2002.5)

土岐憲三(ときけんぞう)
1938 年　香川県に生まれる
1966 年　京都大学大学院工学研究科
　　　　博士後期課程修了
現　在　立命館大学理工学部教授
　　　　京都大学名誉教授
　　　　工学博士
　　　　元日本地震工学会会長
　　　　(2002.6～2003.5)

地震防災のはなし
都市直下地震に備える

2006 年 7 月 10 日　初版第 1 刷
2007 年 5 月 20 日　　　第 2 刷

編集者　岡　田　恒　男
　　　　土　岐　憲　三
発行者　朝　倉　邦　造
発行所　株式会社　朝　倉　書　店
　　　　東京都新宿区新小川町 6-29
　　　　郵便番号　162-8707
　　　　電　話　03 (3260) 0141
　　　　FAX　03 (3260) 0180
　　　　http://www.asakura.co.jp

〈検印省略〉

© 2006 〈無断複写・転載を禁ず〉　　　　　　中央印刷・渡辺製本

ISBN 978-4-254-16047-5　C 3044　　　　　Printed in Japan

京大防災研究所編

防災学ハンドブック

26012-0　C3051　　　　B 5 判　740頁　本体32000円

災害の現象と対策について，理工学から人文科学までの幅広い視点から解説した防災学の決定版。〔内容〕総論（災害と防災，自然災害の変遷，総合防災的視点）／自然災害誘因と予測（異常気象，地震，火山噴火，地表変動）／災害の制御と軽減（洪水・海象・渇水・土砂・地震動・強風災害，市街地火災，環境災害）／防災の計画と管理（地域防災計画，都市の災害リスクマネジメント，都市基盤施設・構造物の防災診断，災害情報と伝達，復興と心のケア）／災害史年表

元東大 宇津徳治・前東大 嶋　悦三・日大 吉井敏尅・東大 山科健一郎編

地震の事典（第2版）

16039-0　C3544　　　　A 5 判　676頁　本体23000円

東京大学地震研究所を中心として，地震に関するあらゆる知識を系統的に記述。神戸以降の最新のデータを含めた全面改訂。付録として16世紀以降の世界の主な地震と 5 世紀以降の日本の被害地震についてマグニチュード，震源，被害等も列記。〔内容〕地震の概観／地震観測と観測資料の処理／地震波と地球内部構造／変動する地球と地震分布／地震活動の性質／地震の発生機構／地震に伴う自然現象／地震による地盤振動と地震災害／地震の予知／外国の地震リスト／日本の地震リスト

前東大 岡田恒男・前京大 土岐憲三編

地震防災の事典

16035-2　C3544　　　　A 5 判　688頁　本体25000円

〔内容〕過去の地震に学ぶ／地震の起こり方（現代の地震観，プレート間・内地震，地震の予測）／地震災害の特徴（地震の揺れ方，地震と地盤・建築・土木構造物・ライフライン・火災・津波・人間行動）／都市の震災（都市化の進展と災害危険度，地震危険度の評価，発災直後の対応，都市の復旧と復興，社会・経済的影響）／地震災害の軽減に向けて（被害想定と震災シナリオ，地震情報と災害情報，構造物の耐震性向上，構造物の地震応答制御，地震に強い地域づくり）／付録

早大 坂　幸恭監訳

オックスフォード辞典シリーズ

オックスフォード 地球科学辞典

16043-7　C3544　　　　A 5 判　720頁　本体15000円

定評あるオックスフォードの辞典シリーズの一冊"Earth Science (New Edition)"の翻訳。項目は五十音配列とし読者の便宜を図った。広範な「地球科学」の学問分野──地質学，天文学，惑星科学，気候学，気象学，応用地質学，地球化学，地形学，地球物理学，水文学，鉱物学，岩石学，古生物学，古生態学，土壌学，堆積学，構造地質学，テクトニクス，火山学などから約6000の術語を選定し，信頼のおける定義・意味を記述した。新版では特に惑星探査，石油探査における術語が追加された

前東大 不破敬一郎・国立環境研 森田昌敏編著

地球環境ハンドブック（第2版）

18007-7　C3040　　　　A 5 判　1152頁　本体35000円

1997年の地球温暖化に関する京都議定書の採択など，地球環境問題は21世紀の大きな課題となっており，環境ホルモンも注視されている。本書は現状と課題を包括的に解説。〔内容〕序論／地球環境問題／資源・食糧・人類／地球の温暖化／オゾン層の破壊／酸性雨／海洋とその汚染／熱帯林の減少／生物多様性の減少／砂漠化／有害廃棄物の越境移動／開発途上国の環境問題／化学物質の管理／その他の環境問題／地球環境モニタリング／年表／国際・国内関係団体および国際条約

愛知大 吉野正敏・学芸大 山下脩二編

都 市 環 境 学 事 典

18001-5 C3540　　A5判 448頁 本体16000円

現在，先進国では70％以上の人が都市に住み，発展途上国においても都市への人口集中が進んでいる。今後ますます重要性を増す都市環境について地球科学・気候学・気象学・水文学・地理学・生物学・建築学・環境工学・都市計画学・衛生学・緑地学・造園学など，多様広範な分野からアプローチ。〔内容〕都市の気候環境／都市の大気質環境／都市と水環境／建築と気候／都市の生態／都市活動と環境問題／都市気候の制御／都市と地球環境問題／アメニティ都市の創造／都市気候の歴史

前千葉大 丸田頼一編

環 境 都 市 計 画 事 典

18018-3 C3540　　A5判 536頁 本体18000円

様々な都市環境問題が存在する現在においては，都市活動を支える水や物質を循環的に利用し，エネルギーを効率的に利用するためのシステムを導入するとともに，都市の中に自然を保全・創出し生態系に準じたシステムを構築することにより，自立的・安定的な生態系循環を取り戻した都市，すなわち「環境都市」の構築が模索されている。本書は環境都市計画に関連する約250の重要事項について解説。〔項目例〕環境都市構築の意義／市街地整備／道路緑化／老人福祉／環境税／他

太田猛彦・住　明正・池淵周一・田渕俊雄・
眞柄泰基・松尾友矩・大塚柳太郎編

水 の 事 典

18015-2 C3540　　A5判 576頁 本体20000円

水は様々な物質の中で最も身近で重要なものである。その多様な側面を様々な角度から解説する，学術的かつ実用的な情報を満載した初の総合事典。〔内容〕水と自然（水の性質・地球の水・大気の水・海洋の水・河川と湖沼・地下水・土壌と水・植物と水・生態系と水）／水と社会（水資源・農業と水・水産業・水と工業・都市と水システム・水と交通・水と災害・水質と汚染・水と環境保全・水と法制度）／水と人間（水と人体・水と健康・生活と水・文明と水）

◆ 地球科学の新展開〈全3巻〉 ◆
東京大学地震研究所 編集

東大 川勝 均編
地球科学の新展開1
地球ダイナミクスとトモグラフィー
16725-2 C3344　　A5判 240頁 本体4400円

地震波トモグラフィーを武器として地球内部の構造を探る。〔内容〕地震波トモグラフィー／マントルダイナミクス／海・陸プレート／地殻の形成／スラブ／マントル遷移層／コア-マントル境界／プルーム／地殻・マントルの物質循環

元東大 菊地正幸編
地球科学の新展開2
地殻ダイナミクスと地震発生
16726-9 C3344　　A5判 240頁 本体4000円

〔内容〕地震とは何か／地震はどこで発生するか／大地震は繰り返す／地殻は変動する／地殻を診断する／地球の鼓動を測る／地球の変形を測る／実験室で震源を探る／地震波で震源を探る／強い揺れの生成メカニズム／地震発生の複雑さの理解

東大 鍵山恒臣編
地球科学の新展開3
マグマダイナミクスと火山噴火
16727-6 C3344　　A5判 224頁 本体4000円

〔内容〕ハワイ・アイスランドの常識への挑戦／火山の構造／マグマ／マグマの上昇と火山噴火の物理／観測と発生機構（火山性地震・微動／地殻変動・重力変化／熱・電磁気／衛星赤外画像／SAR）／噴出物／歴史資料／火山活動の予測

| 前東大 茂木清夫著 | 地震予知連会長としての豊富な経験から最新の地震までを明快に解説。〔内容〕三宅島の噴火と巨大群発地震／西日本の大地震の続発(兵庫,鳥取,芸予)／地震予知の可能性／東海地震問題／首都圏の地震／世界の地震(トルコ,台湾,インド) |

地 震 の は な し

10181-2 C3040　　A5判 160頁 本体2900円

| 前東大 下鶴大輔著 | 数式はいっさい使わずに火山の生い立ちから火山災害・危機管理まで，噴火予知連での豊富な研究と多くのデータをもとにカラー写真も掲載して2000年の有珠山噴火まで解説した火山の脅威と魅力を解きほぐす"火山との対話"を意図した好著 |

火 山 の は な し
―災害軽減に向けて―

10175-1 C3040　　A5判 176頁 本体2900円

| 産総研 加藤碩一著 | 地震断層・活断層・第四紀地殻変動を構造地質学の立場から平易に解説。〔内容〕地震・地震断層・活断層の科学／世界の地震・地震断層・活断層(アジア，中近東・アフリカ，ヨーロッパ，北・中アメリカ，南アメリカ・オセアニア) |

地 震 と 活 断 層 の 科 学

16018-5 C3044　　A5判 292頁 本体5800円

| 東大 瀬野徹三著 | 豊富なイラストと設問によって基礎が十分理解できるよう構成。大学初年度学生を主対象とする。〔内容〕なぜプレートテクトニクスなのか／地震のメカニズム／プレート境界地震／プレートの運動学／日本付近のプレート運動と地震 |

プレートテクトニクスの基礎

16029-1 C3044　　A5判 200頁 本体4300円

| 東大 瀬野徹三著 | 『プレートテクトニクスの基礎』に続き，プレート内変形(応力場，活断層のタイプ)，プレート運動の原動力を扱う。〔内容〕プレートに働く力／海洋プレート／スラブ／大陸・弧／プレートテクトニクスとマントル対流／プレート運動の原動力 |

続 プレートテクトニクスの基礎

16038-3 C3044　　A5判 176頁 本体3800円

| 西村祐二郎編著　鈴木盛久・今岡照喜・高木秀雄・金折裕司・磯崎行雄著 | 地球科学の基礎を平易に解説しながら地球環境問題を深く理解できるよう配慮。一般教育だけでなく理・教育・土木・建築系の入門書にも最適。〔内容〕地球の概観／地球の構造／地殻の物質／地殻の変動と進化／地球の歴史／地球と人類の共生 |

基 礎 地 球 科 学

16042-0 C3044　　A5判 244頁 本体3200円

| 建築研 大橋雄二著 | 1995年の阪神大震災を契機として評価が高まった免震構造に関する解説書。〔内容〕免震構造とは／免震建設の状況と傾向／免震装置／免震構造の設計・施工／耐震研究と免震構造の開発の歴史／免震構造から見た地震と建築物の振動／他 |

地 震 と 免 震
―耐震の新しいパラダイム―

26010-6 C3051　　A5判 272頁 本体4000円

| 東大 神田 順・東大 佐藤宏之編 | 大都市東京を題材に，社会学，人文学，建築学，都市工学，土木工学の各分野から物理的・文化的環境を考察。新しい「環境学」の構築を試みる。〔内容〕先史時代の生活／都市空間の認知／交通／音環境／地震と台風／東京湾／変化する建築／他 |

東 京 の 環 境 を 考 え る

26625-2 C3052　　A5判 232頁 本体3400円

| 前文化庁 半澤重信著 | 本書は有形の文化財すなわち美術品・民俗文化財およびそれらを収納・安置する建造物を盗難や毀損，地震，雷，火災等の災害から守るための技術的な方法を具体的に記述している。〔内容〕防犯計画／防災計画／防震計画／防火計画／他 |

文 化 財 の 防 災 計 画
―有形文化財・博物館等資料の災害防止対策―

26622-1 C3052　　B5判 116頁 本体6500円

| 東文研 三浦定俊・東文研 佐野千絵・東文研 木川りか著 | 文化財にとって安全な保存環境を設計するための最新・最善のテキスト。美術館・博物館の学芸員のみならず，文化財科学や博物館学課程学生にも必須〔内容〕温度／湿度／光／空気汚染／生物／衝撃と振動／火災／地震／盗難・人的破壊／法規 |

文 化 財 保 存 環 境 学

10192-8 C3040　　A5判 212頁 本体3800円

上記価格（税別）は 2007 年 4 月現在